컴퓨터와 인터넷활용 실무

김영문

法 文 社

아름다운 삶, 사랑 그리고 마무리…

1997년 11월에 한국이 경제부도의 위기로 내몰리면서 수많은 직장인들이 정든 회사를 떠나 길거리로 쏟아져 나왔었는데, 그 때에 실직자들을 위해 막연히 무엇인가 도움이 되는 일을 해야 하겠다는 생각을 갖고 금훈섭 (주)이야기 대표, 신순희 (주)모든넷 대표, 하태호 사랑넷 대표 등을 만나서 1998년 8월에 한국소호벤처창업협의회(soho.sarang.net)라는 이름으로 모임을 만들었습니다. 무엇인가 거창한 단체를 만들겠다는 생각보다는 삶의 터전을 잃고 희망을 잃어버린 실직자들에게 조그마한 도움이라도 드리고 싶었습니다.

그 이후 1999년 3월에 계명대학교 대명캠퍼스 시청각실에서 대구광역시 곽영길 당시 주임의 도움을 받아서 「'99 소호창업박람회」를 개최하였는데, 아마도 3,000명 정도는 참가한 것으로 기억이 납니다. 부스 40개를 설치하였고 세미나도 진행하였는데, 그 당시 신일희 계명대학교 총장님을 비롯한 참석한 내빈들이 박람회장에 들어가기도 힘들 정도로 많은 예비창업자들이 참석을 하였습니다. 개회사를 하면서 벤허 영화를 감독한 윌리엄 와일러가 시사회에서 말한 "하느님, 이 영화를 정말 제가 만들었습니까?"를 인용하면서 감격해 했던 생각이 아직도 생생합니다.

1999년 10월에는 중소기업청으로부터 한국소호진흥협회(www.sohokorea.org)로 명칭을 변경하여 사단법인 인가를 받았는데, 그 당시에 신민철 사무관께서 사단법인 인가를 받을 생각이 없느냐고 했을 때에 처음에는 거절했던 생각도 납니다. 사단법인을 만들기 위해서 창업분야의 일을 하였던 것도 아니었고, 굳이 사단법인이 필요하지 않았던 것입니다. 그 이후 한두 번 정도 더 전화를 받고서야 사단법인을 만들어서 일을 해야 하겠다는 생각을 하였습니다. 그때에는 소호(soho)라는 말보다는 벤처(venture)라는 말이 더 인기가 있었기 때문에 소호관련 협회를 운영하는 것이 매우 힘들기도 하였습니다.

2001년에는 뉴비즈니스연구소(www.newbiz.or.kr) 사이트를 뜻을 같이 하시는 분들과 함께 개설하였는데, 그것은 생각하는 창업, 연구하는 창업, 뿌리가 있는 창업의 필요성을 느끼면서, 창업도 조사와 연구를 통해서 발전할 수 있다는 것을 알았기 때문입니다. 다른 사람의 아이템을 베끼거나 대충 시작해서는 절대로 성공창업을 보장받을 후 없기 때문입니다. 개인적으로 볼 때에는 뉴비즈니스연구소(www.newbiz.or.kr) 사이트를 오픈하면서 창업관련 조사 및 연구 활동을 활발하게 진행하였습니다. 물론 뉴비즈니스연구소라는 사이트가 설립 취지에 맞게 성공하였다고는 할 수가 없으나 창업분야에서 조사 및 연구가 얼마나 중요한가를 깨닫게 된 계기가 되었습니다.

2003년도에는 저에게 전혀 예상하지 못한 일이 일어났습니다. 그것은 계명대학교 벤처창업보육사업단의 설립을 위해 일을 하였지만, 설립 후 전혀 사업단의 운영에 참여하지 못해 많은 서러움을 갖고 있었던 저에게 사업단장이라는 직책이 맡겨지게 되었습니다. 제가 그 일을 맡게 될 것이라고는 꿈에도 생각하지 않았기에 혼신의 힘을 다해서 열심히 일을 하였다고 자부합니다.

2003년 2월 1일부터 계명대학교 벤처창업보육사업단(www.kubic.co.kr)의 단장으로 일을 하면서 중소기업청 평가에서 대구경북지역 36개 창업보육센터 중에서 유일하게 6년 연속 최우수 평가를 받았습니다. 2005년에는 정부통신부장관 표창을 받았으며, 그해 전국 최우수 창업보육센터장으로 선정되어 산업자원부장관 표창을 받기도 하였습니다. 이러한 업적들은 함께 수고한 박신제 매니저, 정태용 매니저, 차재민 매니저, 김미영 매니저 등 사업단에 근무하는 모든 분들의 수고 때문이라고 생각하며, 고마움을 전하고자 합니다.

이렇게 창업분야의 일을 하다보니 방송과도 인연이 많았습니다. 1999년에는 TBC 라디오 박원달PD와 인연을 맺으면서 「알기쉬운 경제교실」에 1년 6개월간 출연하였으며, TBC TV의 아침방송에서 이학락PD와 함께 「클릭! 김영문의 인터넷세상」을 6개월간 진행하였으며, KBS 1라디오에서 김지인 부장과 「창업이 보인다」라는 프로그램 꼭지에 4년 이상 고정 출연을 하고 있습니다.

언론활동 중에서 아마 가장 기억에 남은 방송이라면 당시 KBS 9시뉴스 진행자였던 황현정 아나운서와 서울 여의도에서 소호창업에 대해 2시간 생방송을 했던 것이었습니다. 처음에는 힘들었던 방송이 그 이후에는 너무 쉽게 느껴졌으나 이제는 말 한마디에도 책임감을 느끼는 시간들이 되었습니다. 저의 한 마디로 인해 방송을 보고 듣는 분들에게는 알토란 같이 모은 전 재산을 날릴 수도 있다는 것을 알게 되었기 때문입니다.

2004년 4월 20일에는 사랑나눔재단(www.mis.or.kr)을 예수그리스도의 인도하심으로 설립하여 2006년 2월 22일에 대구광역시로부터 사랑나눔회(www.mis.or. kr, 현재 웹사이트는 폐쇄하였으며 cafe.daum.net/isoho2jobs에서 통합 운영하고 있음)로 명칭을 변경하여 비영리민간단체(Non-Profit Organization, NPO)로 인가를 받았습니다. 사랑나눔회는 저의 삶에서 가장 중요한 일 중의 하나이기도 하였으며, 거듭나는 삶의 은사를 받는 계기를 마련해 주었습니다. 천상천하유아독존(天上天下唯我獨尊)과 같은 삶에서 낮추고, 덜어내고, 긍휼히 여기는 마음을 갖도록 오래전에 예수그리스도께서 저에게 예비하신 길이었다는 것을 굳게 믿습니다.

사실, 1998년부터 무엇 때문에 제가 창업분야의 일을 하게 되었는가에 대해 가끔 스스로에게 궁금하게 생각을 하였는데, 지금 생각해 보면 사랑나눔회를 위한 준비와 훈련을 시키신 것이었다고 생각됩니다. (사)한국소호진흥협회에서 일을 하면서 프랜차이즈 본사와의 갈등이 너무 많아서 협회의 운영에 대해 좌절과 회의가 많았는데, 사랑나눔회에서 봉사를 하면서 나눔의 즐거움과 기쁨의 시간이 너무 많았습니다. 창업이라는 분야에서도 늘 다른 곳에서 방황하다가 이제야 제가 있어야 하는 곳에 왔다는 생각을 하게 되었습니다.

2005년 9월 1일에는 뉴비즈니스연구소 카페(cafe.daum.net/isoho2jobs)를 개설하였는데, 예비창업자들을 위해 매주 창업행사를 개최하며 창업상담도 해 드리는 기회를 만들어 보기 위함이었고, 아울러 사랑나눔회를 운영하기 위한 복지기금이 필요했기 때문이기도 하였습니다. 카페에서 진행하는 행사에 오시는 모든 분들이 사랑나눔회의 아름답고 따뜻한 후원자라는 것을 생각할 때에 그저 감사한 마음뿐입니다. 그 분들의 참가비는 한 푼의 낭비도 없이 예수그리스도께서 보시기에 부끄러움이 없도록 장애인, 모자가정, 교도소 수용자 등의 소외계층과 국내외의 선교사업을 위해 사용되고 있습니다.

2010년 3월 10일에는 대구경북창업카페연합회(cafe.daum.net/isoho2jobs)를 설립하였는데, 그것은 활동의 범위를 대구경북지역으로 한정하여 창업을 해야 하는 분들에게 소박하게 봉사하기 위함이었습니다. 이를 위해 사단법인 한국소호진흥협회 및 여러 관공서의 각종 위원 등을 모두 정리하였습니다. 남은 삶을 한 곳에 헌신하고, 그리고 아름답게 마무리를 하기 위한 마지막 준비라는 생각을 하였습니다.

사실 1998년 8월 이후 창업분야의 일을 하면서 주머니에는 늘 위장약을 갖고 다니면서 복용하였으며, 2003년 5월에 의식을 잃고 택시에 실려 병원에 가기도 하였습니다. 그때에는 식구들도 몰라보게 되었는데, 택시를 타고 병원에 가면서 조금씩 의식을 회복하게 되었습니다.

하지만, 또 다시 2009년 11월 28일 토요일 저녁에 잠을 자다가 뇌출혈로 다시 병원에 가게 되었으며 병원에 도착하자마자 의식을 잃고 뇌수술을 받게 되었습니다. 8일 만에 의식을 다시 찾았으며, 16일간의 중환자실 및 총 27일간의 입원을 통해 겨우 생명을 다시 찾았습니다.

한편, 2011년 3월에는 연구년 기간 중에 창업선도대학 계명대학교 창업지원단의 기술창업육성부장이라는 보직을 발령받았고, 그 해 11월 1일에는 창업지원단장의 보직을 발령받아 2013년 1월 31일까지 일을 하였습니다. 오직 예비창업자들만을 생각하면서 정말로 열심히 일을 하였으며, 2011－2012년의 창업선도대학 사업실적 평가에서 전국 18개의 창업선도대학 중에서 1위를 하였습니다. 하지만, 과로 및 스트레스로 인해 2012년 말에 뇌출혈의 후유증으로 인해 2번이나 쓰러져서 창업지원단장이 직에서 사임을 하고 연구실로 돌아왔습니다. 앞으로 계명대학교에서의 남은 시간들은 교수라는 위치로 온전히 돌아와서 학생들에게는 좋은 강의를 하고, 창업의 모든 분야를 더 깊이 있게 연구하기 위해서 모든 시간을 보내게 될 것입니다.

오랜 시간을 되돌아 가보면, 대학교 3학년 때에 학회장에 출마하면서 선거유세를 위해 강의실을 다니면서 「不義와 타협하지 않겠습니다.」라는 글자를 칠판에 적은 기억이 납니다. 그때의 그 마음이 아직도 그리고 앞으로도 변치 않기를 다짐하면서, 참으로 어지럽고 혼탁한 창업시장에서 아직은 저의 역할이 있음을 생각합니다. 아니, 저를 통해서 이루고자 하는 그 분의 뜻을 더 많이 알기를 원하며, 저에게 주신 재능을 통해 더 많은 분들이 창업을 통해 경제적으로 자립하고, 홀로서기를 하고, 아울러 승리했으면 하는 소망이 있습니다.

1998년 이후 창업분야에서 일을 해 오면서 배운 창업이론과 실무지식 그리고 창업현장에서의 경험을 바탕으로 지금까지 18권의 창업관련 책을 출판하였습니다. 이러한 저서들을 집필함에 있어 선후배들의 자료를 참고로 정리하였고, 제가 쓴 글이나 설문조사한 자료들을 추가하면서 저 나름대로의 생각들을 담으려고 노력도 하였습니다.

하지만, 이번 책의 경우에는 창업자들이 알아야 하는 경영실무 중에서 특별히 SNS마케팅을 활용한 상품판매를 중심으로 중요한 실무지식을 담으려고 노력하였으나 창업이나 실무 경력이 부족하다 보니 보시기에 많이 미흡하고 때로는 다른 선배 교수님들의 업적을 가로챈 느낌마저 갖게 되어 송구스럽게 생각합니다. 혹시라도 본문 중에 참고문헌을 누락되었다면 절대로 고의가 아니었음을 말씀드리면서 너그럽게 용서를 구하고자 합니다.

책의 서문에 무엇을 담을까 생각하다가 1998년 이후 창업분야에 몸을 담으면서 있었던 일들을 조금 정리해 보았습니다. 여기에 다 담지 못한 이야기들도 있고, 감사의 표시를 제대로 하지 못한 분들도 있습니다. 저를 낳아주시고 미국 유학경비를 보내 주시느라고 고생을 너무 하신 부모님, 그리고 세상에서 저와

소중한 인연을 맺은 가족들에게도 고마움을 전합니다.

그리고 2004년에 사랑나눔회를 시작하면서 나눔과 선교의 사업에 함께 하는 모든 분들에게도 진심으로 고마움을 전하면서, 사랑나눔회가 대를 이어 계속되기를 소망합니다. 사실, 사랑나눔회의 도메인 중에서 MIS는 management information system의 약어로서 당초 제가 근무하는 경영정보학과의 홈페이지로 사용할 계획이었으나, 2004년에 부산창업박람회를 참관하고 오늘 길에서 "mis(mission in sharing and humanity services) for glory of the God"가 갑자기 생각났는데 그것은 그 분의 인도하심이라고 생각합니다. 지금 생각해 보면, 약20년 동안 창업분야에서 일을 하게 된 것도, 그리고 이 책을 쓰게 된 것도 모두 사랑나눔회를 통해 나눔과 선교사업에 일을 하신 그 분의 뜻이 있었다고 생각합니다.

그리고 살아오면서 때로는 저로 인해 고통을 받았거나 분노한 분들도 많이 있을 것이며, 지면을 빌려 죄송한 말씀과 용서를 구하고자 합니다. 철없던 시절의 잘못된 생각으로 많은 분들에게 심적, 육체적 고통을 주었음을 고백하며, 앞으로는 더 많은 분들에게 희망, 꿈, 소망, 그리고 행복을 드릴 수 있도록 남은 삶을 바치고자 합니다.

끝으로, 본 저서의 내용과 관련하여 몇 가지를 알려 드리고자 하며, 기업의 경영 성과를 향상시키기 위해서는 컴퓨터와 인터넷을 효과적으로 활용할 수 있어야 한다는 것을 꼭 생각해야 합니다.

1. 저서의 내용에 관해서 질문이 있거나 [컴퓨터와 인터넷의 활용 실무]의 내용에 대한 도움 혹은 상담이 필요하시면 맛따라☆길따라☆창업 밴드(band.us/band/70870679)에서 문의해 주시면, 최대한 그리고 적극적으로 도움을 드릴 것입니다.

2. 본 저서에 수록되어 있는 컴퓨터와 인터넷을 활용한 다양한 웹사이트의 개발 및 운영을 효과적으로 활용하면 기업의 매출을 지속적으로 향상시킬 수 있다는 것을 생각하면서 어떻게 효과적으로 개발 및 활용할 것인가에

대해서 끊임없이 고민하는 것이 필요합니다.

3. 마지막으로 본 저서에 있는 컴퓨터 및 인터넷의 활용에 관한 실무지식을 경쟁적 관계에 있는 사이트들과 비교하여 어떻게 차별적으로 활용할 것이며, 또한 경쟁적 우위를 지속적으로 유지하기 위해 어떻게 활용할 것인가에 대해 깊이 고민하시기 바랍니다.

2024년 7월에
김영문 드림

차 례

contents

차 례

차 례

차　례

포토샵 및
HTML 활용 실무

1

포토샵 및 HTML 활용 실무

제1장에서는 기업의 경영성과 향상을 위한 다양한 홍보 사이트를 개발하기 위한 준비 단계로 포토샵 및 HTML에 대해 살펴볼 것이다. 이를 위하여 먼저 포토샵을 활용한 이미지(image) 만들기에 대해 살펴보고, 직접 만든 포토샵 이미지를 서버(이미지 호스팅 사이트, image hosting site)에 등록한 후에 활용하는 방법에 대해 설명할 것이다. 또한 다양한 홍보 사이트의 개발을 위한 HTML명령어의 이해 및 활용에 대해서도 설명할 것이다.

활용 실무

기업에서 홍보 및 경영성과를 향상시키기 위해 (1) 포토샵 및 HTML을 어떻게 활용할 수 있다고 생각하는지 그리고 (2) 포토샵 및 HTML을 활용하여 어떤 종류의 웹사이트를 개발하고 운영할 수 있는가에 대해 생각해 보세요.

제 1 절 포토샵 이미지 만들기

1. 작업창 만들기

① 새로운 이미지를 만들기 위하여 [그림 1-1]과 같이 작업창을 만들어야 한다. 작업창은 포토샵을 활용하여 만들고자 하는 이미지의 크기라고 할 수 있다.

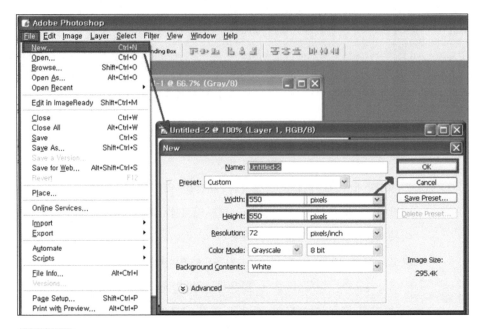

그림 1-1 작업창 만들기

② 이를 위해서 먼저 포토샵을 실행하고, 메뉴 중에서 [File]—
[New]를 클릭한다.

③ 대화상자에서 작업에 필요한 가로, 세로 크기를 입력해야 하는
데, 포토샵으로 만들고 싶은 이미지의 크기를 결정한 후에 입력
하면 된다. 이때에 주의할 점은 반드시 픽셀(pixels)이라는 단위
를 사용해야 한다는 것이다. 여기에서 포토샵 이미지를 이루는
가장 작은 단위인 네모 모양의 작은 점들을 픽셀(Pixel)이라고
하는데, 픽셀은 영어로 그림(picture)의 원소(element)라는 뜻을
갖도록 만들어진 합성어이다(네이버 지식사전, terms.naver.com).

2. 이미지 불러오기

① [그림 1-2]와 같이 이미지를 만드는데 필요한 이미지(혹은 직접 촬영한 사진)를 불러온다. 즉, 포토샵으로 만들게 되는 이미지는 텍스트 입력 외에도 최소 1장의 이미지(혹은 직접 촬영한 사진)가 필요하기 때문이다.

② 메뉴 중 [File]-[Open]을 클릭하여 이미지 파일을 찾아 열기를 클릭하면 되는데, 직접 촬영한 이미지가 아닌 경우에는 저작권을 확인한 후에 사용하는 것이 필요하다. 이미지를 인터넷에서 다운 받아 사용하는 경우에는 저작권의 문제가 발생할 수 있기 때문에 무료로 사용할 수 있는가를 반드시 확인하는 것이 필요하다.

그림 1-2 이미지 불러오기

3. 작업창에 이미지 붙이기

① [그림 1-2]에서 이미지를 불러온 작업창을 선택한 후에 레이어
(layer) 창에서 배경 레이어(background layer)를 선택한 상태에서
[그림 1-3]에서 새로 만든 이미지 창(작업창)으로 레이어를 드
래그 앤 드롭(drag-and-drop, 마우스를 이용하여 끌어가서 이동시
키는 것)을 한다.

참고 불러온 이미지를 [선택]-[모두]를 클릭하고 [편집]-[복사하기]를 한 후에
앞에서 만든 작업창에서 [편집]-[붙이기]를 해도 된다.

② 이때에 [2. 이미지 불러오기]에서 불러온 이미지의 레이어(layer)
가 자물쇠 모양으로 잠겨 있는 경우에는 먼저 [이미지]-[모드]
에서 [RGB 색상]을 선택(혹은 Ctrl+J 버튼을 입력 혹은 해당 레이
어를 더블클릭해도 됨)하여 잠긴 상태를 해제한 후에 배경 레이어
(background layer)를 드래그 앤 드롭(drag-and-drop)하면 된다. 즉,
레이어 잠금 상태를 먼저 해제하는 것이 필요하다([그림 1-4] 참고).

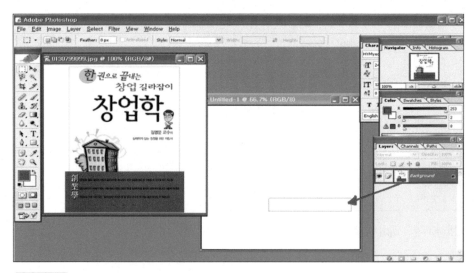

그림 1-3 작업창에 불러온 이미지를 붙이기

③ 작업창에 이미지 붙이기를 할 수 있는 또 다른 방법으로는 복사
   를 원하는 이미지에 대해 [선택]-[모두]를 클릭하여 선택한 후에
   Ctrl+C 키를 눌러서 복사하기를 하고, 새로 만든 이미지 창(작
   업창)을 선택한 후에 Ctrl+V 키를 눌러서 붙이기를 해도 된다.

참고 포토샵 레이어(layer)

Photoshop 레이어는 아세테이트지(acetate paper, 투명필름 중 하나)를 여
러 장 겹쳐 놓은 것과 같으며, 레이어의 투명 영역을 통해 밑에 있는 레이어
를 볼 수 있다. [그림 1-3]에서 오른쪽에는 1개의 레이어만을 볼 수 있는
데, 이미지 작업을 할 때마다 새로운 레이어가 계속 추가되게 된다. 이에 따
라 포토샵 작업을 할 때에는 반드시 작업을 하고자 하는 레이어를 마우스로
먼저 선택하는 것이 중요하다.

참고 이미지를 불러온 후에 오른편에 있는 배경 레이어(layer)에 자물쇠 모양이 나타
나있는 것도 확인할 수 있는데, 자물쇠가 보이는 이 상태는 레이어가 잠금 상태
인 것을 의미한다(thirdhz7.tistory.com/139). 따라서 자물쇠 없앤 후에 작업하는
것이 필요한데, [이미지]-[모드]-[RGB 색상]을 선택하거나 자물쇠 모양이 있
는 레이어를 더블클릭을 한 후에 [승인]을 클릭해도 된다([그림 1-4] 참고).

그림 1-4   레이어 잠금 상태의 해제

4. 이미지 크기 조절하기

① 작업창에 불러온 이미지 크기를 조절하기 위하여 메뉴 중 [Edit]−
[Free Transform(자유변형)]을 선택하면 된다([그림 1−5] 참고).
② 단축키를 이용하려면 Ctrl+T(자유변형)를 누르면, 이미지에 8개
의 조절점이 있는 사각형이 생긴다.
③ 8개의 조절점을 이용하여 이미지의 크기를 적당한 크기로 조정
한다.
④ Shift 누른 상태에서 마우스를 사용하여 이미지의 크기를 조정하
면, 가로−세로 비율이 일정하게 조정된다. 그렇지 않는 경우에
는 이미지의 가로 및 세로 비율이 유지되지 않기 때문에 이미지
의 모양이 찌그러지거나 완전히 달라질 수 있다.

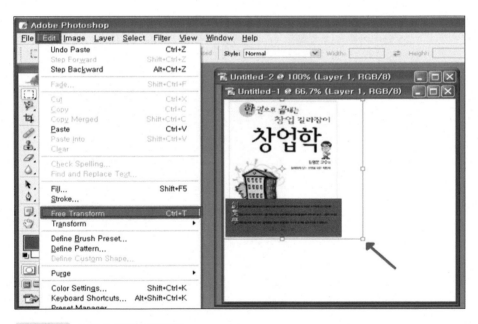

그림 1-5 이미지 크기 조절하기

5. 이미지의 위치를 이동하기

이미지의 크기 조절이 완료되면, 포토샵의 도구박스에 있는 다양한 도구(툴)]에 있는 다양한 도구 중에서 이동도구(▶)를 클릭한 후에 이미지를 선택하여 원하는 곳으로 이동시키면 된다([그림 1-6] 참고).

이미지를 마우스로 눌러 위치 조정

그림 1-6 이미지 이동하기

6. 이미지 저장하기

포토샵 작업이 완료된 이미지를 저장하면 되는데, 이미지를 저장할 때에는 3가지 방법이 있다([그림 1-7] 참고).

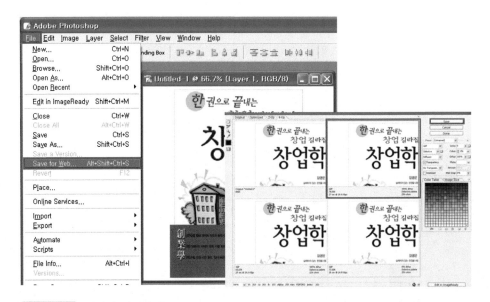

그림 1-7   이미지 저장하기

① [File]-[Save]: 원본 파일을 저장할 때에 사용하며, 레이어가 합쳐지지 않고 그대로 보존된 PSD 파일로 저장되기 때문에 나중에 수정하여 사용할 수 있다. 포토샵 이미지 중에서 반드시 보관해야 하는 파일이라고 할 수 있다.

② [File]-[Save as]: JPG, GIF 등 다양한 형태로 저장할 때에 사용하는데, 레이어가 배경으로 합쳐지기 때문에 저장한 후에는 레이어별로 수정할 수가 없다. 이미지를 저장한 후에는 인터넷에 등록하여 사용할 수 있다.

③ [File]－[Save for Web…]: 이미지의 용량이 다른 4가지 형태의 이미지를 보여주는데, 이 중에서 하나를 선택하여 저장할 때에 사용한다. 일부 웹 사이트에서는 이미지의 용량을 제한하는 경우가 있는데, 이러한 웹 사이트에 포토샵 이미지를 등록할 때에 사용하면 된다. 아울러, 포토샵 이미지의 용량은 로딩(loading) 속도에 영향을 미치기 때문에 최대한 낮은 용량의 이미지를 사용하는 것이 필요하다.

참고 포토샵의 버전에 따라 위에서 설명한 3가지의 저장 방법의 명칭 혹은 메뉴의 위치가 다른 경우가 있는데, 중요한 것은 아래 2가지를 생각하면 된다.
① 원본 파일은 반드시 PSD 파일로 저장해야 하는데, 나중에 수정 및 보완한 후에 활용하기 위해서는 PSD 파일로 저장한 후에 보관하는 것이 필요하다.
② 포토샵 이미지를 인터넷에 등록하기 위해서는 JPG, GIF 등의 형태로 저장해야 하는데, 저자의 경우에는 tif 형식으로 저장하여 활용하기도 한다.

참고 PSD 파일은 꼭 보관
포토샵 이미지를 만들 때에 반드시 기억해야 할 것은 바로 PSD 파일로 저장되는 원본 파일은 반드시 보관해야 하는데, 추후 처음 만든 포토샵 이미지를 수정하여 사용해야 하는 경우가 자주 발생할 수 있기 때문이다. 즉, JPG, GIF 등의 형태로 저장한 파일은 수정할 수가 없기 때문에 PSD 파일은 별도로 보관하고 있어야 한다.

참고 네이버 MYBOX(mybox.naver.com)에서는 국내 최대 무료 용량 30GB를 사용할 수 있기 때문에 다양한 웹 사이트를 개발하는데 필요한 모든 포토샵 이미지들을 보관하기 위해 활용할 수 있다.

7. 텍스트 추가하기

포토샵으로 만든 이미지에 텍스트로 설명을 추가하는 것이 상품의 홍보와 판매에도 도움이 될 것이다. 홍보 이미지에 텍스트를 적용하기 위해서는 아래의 방법으로 하면 된다.

① [그림 1-8]와 같이 툴바(tool bar)에 있는 텍스트 도구(T)를 클릭한다.

② 텍스트를 입력할 위치에서 마우스를 한 번만 클릭하면 되며, 굳이 박스 형태로 만들 필요가 없다.

③ 커서가 나타나면 추가하고 싶은 텍스트를 입력하면 되는데, 굳이 사격형의 박스를 만들 필요가 없이 마우스를 한 번만 클릭한 상태에서 텍스트를 입력하면 된다.

④ 색상 또는 글꼴, 크기를 변경할 필요가 있으면 입력한 글자들을 모두 드래그(drag)하여 블록(block) 상태로 만든 후 색상, 글꼴, 크기 등을 변경하면 된다.

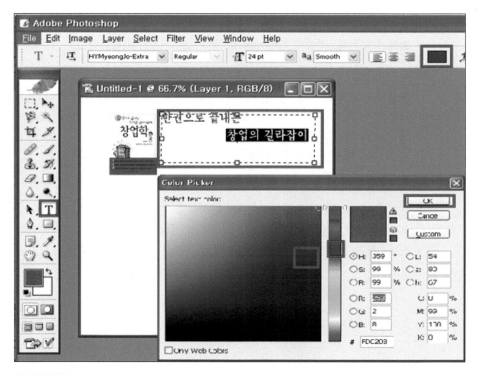

그림 1-8   텍스트 추가하기

참고　포토샵으로 만든 이미지에 텍스트로 설명을 추가할 수도 있지만, 포토샵으로 텍스트로 설명하고 싶은 이미지를 별도로 만드는 것도 고려할 수 있다. 특히 전자상거래 및 인터넷쇼핑몰을 개발할 때에는 판매하고자 하는 상품에 대해 설명하는 이미지(설명 이미지)를 1장으로 만드는 것이 오히려 더 효과적일 수 있기 때문이다.

8. 텍스트에 효과주기

포토샵 이미지에 추가되는 텍스트에 효과를 주는 것은 글자의 모양을 보기 좋게 꾸미는 과정이라고 할 수 있는데, 레이어 옵션 바의 밑 부분에 있는 레이어 스타일(fx)을 이용하게 된다. 레이어 스타일(fx) 추가는 포토샵의 [레이어]−[레이어스타일]의 메뉴를 활용해도 된다.

① 효과를 주고 싶은 텍스트 레이어(layer)를 선택한 후에 해당 레이어의 빈 여백 부분(추가된 텍스트 옆에 있는 빈 여백 부분)을 더블클릭하면 레이어스타일(Layer Style) 창이 나타난다([그림 1−9]를 참고).

② 새로 나타난 레이어스타일(Layer Style) 창에서 Drop Shadow(그림자 효과)를 선택하여 텍스트에 그림자를 만들고, 그림자 때문에 글자가 보이지 않으면 제일 아래 Stroke(선)를 선택하고 테두리 색상을 설정한다.

③ Drop Shadow(그림자 효과)와 Stroke(선)만 잘 이용하여도 보다 효과적인 텍스트 이미지를 만들 수 있다.

④ 레이어스타일(Layer Style) 창에서 여러 옵션들을 활용하여 텍스트에 다양한 효과를 줄 수 있다.

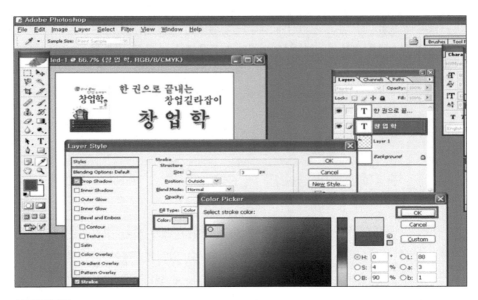

그림 1-9 텍스트에 효과주기

참고 레이어스타일(Layer Style) 창에서의 여러 옵션

[그림 1-9]에서 확인할 수 있는 레이어스타일(Layer Style) 창에서 여러 옵션들은 그림자 효과(Drop Shadow), 내부 그림자(Inner Shadow), 외부 광선(Outer Glow), 내부 광선(Inner Glow, 경사와 엠보스(Bevel and Emboss), 새틴(Satin), 색상 오버레이(Color Overlay), 그라디언트 오버레이(Gradient Overlay), 패턴 오버레이(Pattern Overlay), 선(Stroke)이 있다 ([그림 1−10] 참고).

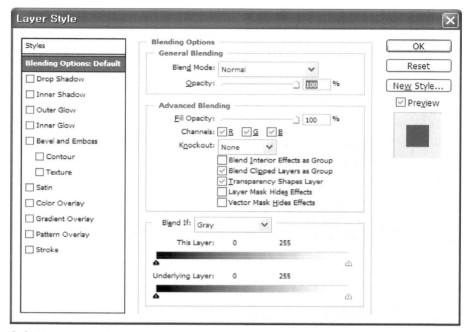

출처: blog.naver.com/hyoyeol

그림 1-10 레이어 스타일의 옵션

9. 텍스트 적용하기

① [그림 1-11]과 같이 이미지에 대한 설명을 추가하기 위하여 툴
바(tool bar)의 텍스트 도구(T)를 클릭한 후에 입력하고 싶은 내
용을 입력한다. 이를 위하여 굳이 사격형의 박스를 만들 필요가
없이 마우스를 한 번만 클릭한 상태에서 텍스트를 입력하는 것
이 오히려 편리하다.

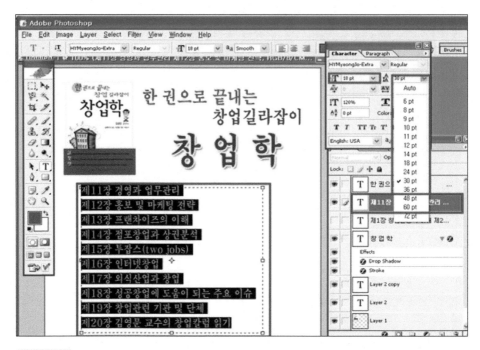

그림 1-11 텍스트 적용하기

② 내용 입력을 완료하고, 수정할 필요가 있으면 수정할 텍스트 레이어(layer)를 선택한다.

③ 툴바(tool bar)에서 텍스트 아이콘을 선택한 후에 이미지 위에 입력되어 있는 텍스트를 클릭하여 수정한다.

④ 수정할 내용의 텍스트를 마우스를 활용하여 블록(block)으로 설정한 후에 상단에 있는 옵션 바의 끝 쪽에 있는 문자 및 단락 팔레트(▣)를 이용하여 글자크기, 줄 간격 등을 보기가 좋게 수정해도 된다.

10. 이미지 조정하기

이미지 조정하기는 디지털카메라로 촬영한 상품사진의 색상 등을 조정하는 것인데, [그림 1−12]에서와 같이 [이미지]−[조정]의 하위 메뉴에서 다양한 명령을 선택하여 할 수 있다. 특히 곡선(V), 색상 균형(B)만 제대로 활용해도 밝으면서도 깔끔한 이미지를 만들 수 있다.

그림 1−12 이미지 조정하기

위에서 포토샵을 활용하여 홍보 이미지를 만드는 방법을 10단계로 설명하였는데, 3−5개의 이미지를 직접 만들어 보는 것이 필요하다. 또한 포토샵 이미지를 저장할 때에는 절대로 한글 파일명을 사용하지 말고 반드시 영어 파일명을 사용하는 것이 필요한데, 한글 파일명으로 저장한 후에 이미지 호스팅(image hosting) 사이트에 등록한 후에 <img src> 명령어로 불러오는 경우에는 액박이 뜨거나 이미지가 정상적으로 보이지 않는 경우가 가끔 발생할 수 있기 때문이다.

11. 포토샵 이미지를 효과적으로 만드는 방법

포토샵을 활용하여 홍보, 광고 그리고 상품판매에 필요한 다양한 이미지를 효과적으로 만드는 방법은 다양한데, 특히 아래의 포토샵 메뉴들을 잘 사용하는 것이 중요하다.

① 포토샵 도구상자(tool box)에 있는 각 도구들을 효과적으로 활용한다.

② 레이어(layer)의 개념에 대해 잘 이해해야 하며, 반드시 작업하고자 하는 레이어를 먼저 선택한 후에 포토샵 이미지를 수정해야 한다.

③ [이미지]−[조정] 메뉴를 효과적으로 사용해야 한다.

④ 레이어 옵션 바의 밑 부분에 있는 레이어 스타일(Layer Style)을 잘 활용해야 한다.

⑤ [문자 및 단락 팔레트]를 효과적으로 사용하는 것이 필요하다.

⑥ 햇빛아래에서 사진을 촬영하면, 포토샵 작업은 쉽고 간단하게 끝날 수 있다.

⑦ 본인의 사이트에 필요한 다양한 포토샵 이미지들을 자주 만들어 보는 것이 필요한데, 매일 한 두 개의 포토샵 이미지를 만들어 보는 습관을 가지는 것이 중요하다.

한편, 포토샵 이미지를 잘 만드는 방법에 대해서 위에서 설명을 하였지만, 그 중에서 가장 중요한 것은 사진 촬영을 잘 해야 한다. 이를 위해서는 햇빛 아래에서 촬영하는 것이 가장 좋으며, 형광등 아래에서 촬영을 하는 것은 바람직하지 않다. 최대한 선명하게 촬영하는 것이 포토샵 작업을 최소화하는데 분명 도움이 될 수 있다.

활용 실무   포토샵 이미지에 테두리 넣기

인터넷에 등록하는 포토샵 이미지가 깔끔하게 보이게 하려면, 테두리를 넣는 것이 필요한데 그 절차는 아래와 같다.
① 위에서 설명한 [10. 이미지 조정하기]를 한 후에 [선택]-[모두]를 선택한다.
② [편집]-[선(획)]에서 테두리의 폭을 입력하고 색상을 선택한 후에 [승인]을 클릭하면 된다. 이때에 위치는 [가운데]를 선택하면 된다.

참고 포토샵 단축키 모음

포토샵 초보자가 알면 더 좋은 포토샵 단축키 모음은 아래와 같으며(www.sindohblog.com/1138), 사이트에서 구체적으로 확인할 수 있다.
① 외워두면 정말 유용한 단축키 BEST 5
② 포토샵 메뉴별 단축키 알아보기
ⓐ 파일(File) 메뉴 단축키
ⓑ 편집(Edit) 메뉴 단축키
ⓒ 레이어(Layer) 메뉴 단축키
ⓓ 이미지(Image) 메뉴 단축키
ⓔ 선택(Select) 메뉴 단축키
ⓕ 보기(View) 메뉴 단축키
ⓖ 브러시 도구메뉴 단축키

YouTube 채널 : 맛따라 · 길따라 · 창업

유튜브(YouTube)에 등록되어 있는 제1장의 [제1절 포토샵 이미지 만들기]와 관련된 동영상 강좌는 다음과 같은데, 저자가 운영하고 있는 YouTube 채널 (맛따라 · 길따라 · 창업)에서 [포토샵]을 검색한 후에 찾아서 들으면서 포토샵을 사용하면서 직접 실습을 하면 된다.

① 포토샵 이미지 만들기
② 포토샵 이미지 만들기(2)
③ 포토샵 이미지 편집(이미지 조정)
④ 이미지 일부분만 흑백 사진으로 만들기
⑤ 복제도장도구로 이미지 복제하기
⑥ 포토샵 기본 및 포토샵 도구 익히기

제 2 절   이미지 호스팅의 활용

웹호스팅이 홈페이지를 운영하기 위한 서비스라고 한다면 이미지호스팅 서비스는 오픈마켓이나 대형 쇼핑몰, 온라인 이벤트 등 트래픽이 많이 발생하는 이미지 파일을 빠른 속도로 저렴한 비용에 제공받을 수 있는 서비스를 말한다(닷네임, www.dotname.co.kr). 포토샵으로 만들어진 이미지들은 인터넷 사이트에 바로 등록하여 활용할 수도 있지만, 일반적으로는 이미지 호스팅(image hosting)의 기능을 제공하는 서버(server, 컴퓨터 네트워크에서 다른 컴퓨터에 서비스를 제공하기 위한 컴퓨터)에 등록한 후에 HTML 명령어(예를 들어, <img src="이미지 주소"> 명령어)로 불러와서 사용하게 된다.

1. 이미지를 등록 및 활용하는 방법

뉴비즈니스연구소(cafe.daum.net/isoho2jobs)에 보면, 카페 메인에 여러 개의 이미지를 보여주고 있다. 이를 위해서는 먼저 포토샵을 활용하여 이미지들을 만들어야 하며, 만든 이미지들을 이미지 호스팅(image hosting) 사이트에 등록한 후에 <img src="이미지 주소"> 명령어를 활용하여 이미지를 불러와서 보여주게 된다. 이에 대해 조금 더 구체적으로 설명하면 아래와 같다.

① 포토샵(photoshop)으로 홍보, 광고 및 상품판매에 필요한 이미지를 만든다.

② 포토샵으로 만든 이미지를 이미지 호스팅 사이트에 등록해야 하는데, 이미지 호스팅 사이트는 매월 1-3만원을 지불하고 사용하는 유료 사이트들이 많다. 다음(Daum) 혹은 네이버(Naver) 등과 같은 포털사이트에서 이미지 혹은 호스팅 사이트를 검색하면

쉽게 찾을 수 있는데, 아래의 사이트들은 이미지 호스팅 사이트와 같은 목적으로 사용할 수 있다.

ⓐ postimage(postimage.org)

ⓑ 구글 포토(photos.google.com)

ⓒ 스쿨호스팅(www.phps.kr)

ⓓ 코리아호스팅(www.koreahosting.co.kr)

ⓔ 드롭박스(www.dropbox.com)

ⓕ 미리내닷컴(www.mireene.com)

ⓖ 허브웹(www.hubweb.net)

ⓗ storemypic(www.storemypic.com)

ⓘ Zpat(www.zpat.info)

ⓙ 닷홈(www.dothome.co.kr)

ⓚ Imgur(imgur.com)

③ 후이즈(www.whois.co.kr)의 경우에는 하루 50MB 용량을 무료로 제공하고 있으며(전자신문, 2005.5.23.), 구글 포토(photos.google.com)에서는 Upload에서 포토샵으로 만든 이미지들을 등록하여 이미지 호스팅 사이트와 같이 활용할 수 있다.

④ 이미지 호스팅 사이트에 포토샵 이미지를 등록한 후에 이미지의 파일경로(주소)를 복사하여 사용하면 된다. 예를 들어, postimage(postimage.org)에 포토샵 이미지를 등록한 후에 등록한 이미지를 클릭하여 [공유하기]−[직접 링크]에 있는 주소(파일경로)를 복사한 후에 <img src="이미지 주소"> 명령어를 활용하여 필요한 곳에서 사용하면 된다.

> **참고** <img src="이미지 주소" width="너비(가로길이)" height="높이">
> 이미지 호스팅 사이트에 등록되어 있는 이미지의 크기를 강제로 조정하여 보여줄 때에는 width 및 height를 사용하면 된다. 그렇지 않는 경우에는 그냥 <img src="이미지 주소">만 사용하면 된다. 즉, 이미지 호스팅(image hosting) 사이트에 등록되어 있는 포토샵 이미지를 원본 크기 혹은 조정된

크기의 이미지로 보여줄 수 있는데, width 및 height를 사용할 때에는 가로 및 세로의 비율을 유지하면서 크기를 조정하는 것이 필요하다. 예를 들어서, 가로(width)의 크기를 500픽셀에서 400픽셀로 줄이게 되면, 세로(height)의 크기 역시 같은 비율로 줄여야 한다.

참고 무료 이미지 호스팅 사이트(Free Image Hosting Sites)
네이버에서 "image hosting site"를 검색하면 다양한 무료 이미지 호스팅 사이트에 대한 정보를 확인할 수 있다.
① 10 Free Image Hosting Sites for Your Photos
   (www.lifewire.com/free−image−hosting−sites−3486329)
② 7 Best Free Image Hosting Websites
   (www.lifewire.com/top−free−image−hosting−websites−1357014)

2. 이미지 호스팅 사이트의 효과적인 이용

홍보를 위한 다양한 웹 사이트들을 개발하고 운영하는 경우뿐만 아니라 인터넷쇼핑몰, 옥션, G마켓, 카페와 블로그 등을 활용한 전자상거래 창업자들도 반드시 알아야 하는 것이 바로 이미지 호스팅 사이트의 활용방법이라고 할 수 있다. 예를 들어, 옥션의 상세정보(상품정보)에서 나타나는 이미지들은 옥션에 직접 등록되는 것이 아니라 이미지 호스팅 사이트에 이미지를 등록한 후에 HTML 명령어(<img src="이미지 주소">)를 이용하여 불러와서 옥션의 상세정보(상품정보) 페이지에서 그냥 보여주고 있는 것이다.

예를 들어, [그림 1−13]에서 보듯이, 인터넷쇼핑몰 혹은 전자상거래 사이트의 상품정보페이지에서 볼 수 있는 다양한 상품이미지들은 직접 등록하는 것이 아니라 상품이미지들을 이미지호스팅 사이트에 등록한 후에 HTML 명령어(<img src="이미지 주소">)를 활용하여 상품정보페이지에서 보여지게 되는 것이다. 이것은 홍보를 위한 홈페이지의 개발 및 운영에도 동일하게 활용될 수 있다.

한편, 이미지 호스팅 사이트에는 무료 혹은 유료로 사용할 수 있는 사이트들이 매우 많은데, 유료 사이트의 경우에는 월 1－3만원의 비용만 부담하면 된다. 포털 사이트에서 이미지 호스팅, 상품 이미지, 호스팅 등의 키워드로 검색하면 다양한 이미지 호스팅 사이트들을 쉽게 찾을 수 있다.

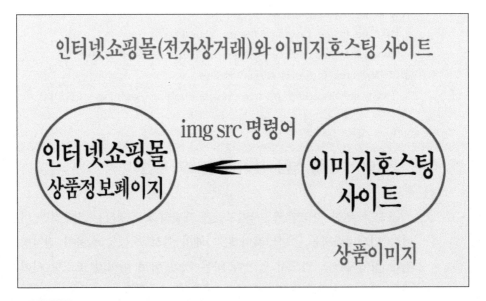

그림 1-13 이미지호스팅 사이트의 활용

참고 창업자들의 경우에는 위에서 언급한 이미지 호스팅 사이트에 등록된 이미지들을 외장형 하드 혹은 다음(Daum)과 네이버(Naver) 카페(cafe)의 게시판 등을 활용하여 별도로 저장해 두는 것도 잊지 말아야 한다. 아울러, 포토샵으로 이미지를 만든 후에는 원본 파일(*.psd)을 반드시 보관하고 있어야 필요할 때에 수정 및 보완하여 사용할 수 있다는 것도 생각해야 한다.

활용 실무   포토샵 이미지 및 이미지호스팅

① 교재의 내용을 참고하여 본인이 만들어 보고 싶은 600×600 크기의 포토샵 이미지 1-3개를 직접 만들어 보세요.

② 위에서 직접 만든 포토샵 이미지의 psd 파일을 [파일]로 등록 및 보관하고, jpg 혹은 gif 이미지는 [사진]으로 등록해 보세요.

③ 위에서 직접 만든 포토샵 이미지를 이미지호스팅의 기능을 제공하는 사이트에 등록한 후에 [공유하기]-[직접 링크] 주소를 확인한 후에 등록해 보세요.

YouTube 채널 : 맛따라 · 길따라 · 창업

유튜브(YouTube)에 등록되어 있는 제1장의 [제2절 이미지 호스팅의 활용]과 관련된 동영상 강좌는 다음과 같다.

① 이미지호스팅 사이트의 활용

② 포토샵 이미지호스팅 사이트의 이해와 활용

③ 포토샵 이미지를 이미지호스팅 사이트에 등록 및 활용하기

제 3 절 HTML의 이해와 활용

인터넷을 활용하여 효과적인 홍보, 광고 및 상품판매를 하기 위해서 반드시 알아야 하는 것은 제1절에서 설명한 포토샵 외에 바로 HTML 이라고 할 수 있는데, HTML은 Hyper Text Markup Language의 약어로서 홈페이지, 인터넷쇼핑몰 등에서 웹 문서를 만들기 위하여 사용하는 기본적인 프로그래밍 언어의 한 종류이다(김석주, 1997.2.20).

예비창업자들이 알아야 하는 필수 HTML 명령어들은 아래와 같은데, 아래의 HTML 명령어들을 자유롭게 활용할 수 있으면 다양한 종류의 홍보 사이트를 만들고 운영할 수 있다. 다만, HTML 명령어를 공부할 때에 사전에 알아야 하는 사항들은 아래와 같다.

① HTML 명령어는 대문자보다는 소문자로 작성하는 것이 좋다.

② 이미지 파일명은 한글보다는 반드시 영어 소문자로 하는 것이 좋다.

③ HTML 명령어를 사용할 때에는 띄어쓰기에 유의해야 하는데, 그렇지 않으면 HTML 명령어가 정상적으로 실행되지 않는다.

④ HTML 문서를 만들거나 본 교재에 있는 HTML 내용을 실습하기 위해서는 아래에서 설명하는 4가지의 방법을 활용하면 된다.

1. HTML 문서 만들기

창업자들이 알아야 하는 필수적인 HTML 명령어를 알아보기 전에 먼저 HTML 문서를 작성하는 방법들을 소개하면 아래와 같다.

(1) 보통의 문서 편집기를 이용

컴퓨터의 보조프로그램 내에 있는 메모장을 이용하여 HTML 문서 (.html)를 만들어 저장을 한 후에 크롬(Chrome) 혹은 익스플로러(Explorer) 에서 파일을 열어서 실행 결과를 확인할 수 있다.

(2) HTML 전용 편집기를 이용

HTML 편집기는 인터넷 웹페이지를 작성하기 위한 편집 도구이며, 프로그래밍 언어와 유사한 특징을 가지고 있다. HTML 편집기로는 에 디터플러스(EditPlus), 마이크로소프트의 프론트페이지(FrontPage), 나모 웹에디터, 어도비 드림위버(Dreamweaver) 등이 있으며, 이는 태그를 통 해 편집한 후 미리보기 기능도 가지고 있다(위키백과, ko.wikipedia.org). HTML 편집기들은 네이버 소프트웨어(software.naver.com)에서 검색한 후에 다운 받아서 사용하면 되는데, 초보창업자들에게는 에디터플러스 (EditPlus)가 사용하기에 편리하다([그림 1-14] 참고).

한편, 에디터플러스(EditPlus)를 사용하여 HTML 문서를 만들거나 HTML 명령어들을 연습할 때에는 다음과 같이 하면 된다.

① [File]-[New]-[Html Page]를 클릭한다.

② <body>와 </body> 사이에 HTML 명령어를 입력한다.

③ Ctrl+B를 입력하거나 [View]-[View in Browser]에서 [Browser 1] 을 클릭하여 실행시킨다.

④ HTML 명령어를 수정해야 하는 경우에는 Edit Source(Ctrl+Shift+E) 를 클릭하여 HTML 문서를 수정 및 편집한다.

⑤ HTML 문서가 정상적으로 만들어졌으면, 복사하여 필요한 곳에서 활용한다.

그림 1-14 에디터플러스(EditPlus)

한편, 에디터플러스(EditPlus)를 설치 후에 [EVALUATION VERSION (평가판)]이 화면에 보이면 [I Agree(동의함)] 혹은 [Quit(종료)]를 클릭하지 말고 EVALUATION VERSION(평가판)을 마우스로 끌어서 맨 오른쪽의 아래로 옮겨 놓고 그냥 사용하면 된다.

> **참고** 에디터플러스(EditPlus) 단축키 모음
> 에디트 플러스에서 자주 사용하는 단축키는 아래와 같으며(mainia.tistory.com/2348), 사이트에서 구체적으로 확인할 수 있다.
> ① 문서 생성과 파일 관련 단축키
> ② 커서 이동과 선택 관련 단축키
> ③ 들여쓰기와 실행관련 단축키
> ④ 찾기 관련 단축키

(3) 이미 작성된 문서를 HTML 문서로 변경

HWP, MS－WORD, 파워포인트(powerpoint) 등으로 작성된 문서를 HTML 문서로 변경하기 위해서는 해당 문서 파일을 변환하는 소프트웨어가 필요한데, HWP, MS－WORD, 파워포인트(powerpoint) 등에는 변환기능이 있다. 가장 편리하게 사용할 수 있는 방법은 HWP에서 문서를 만든 후에 인터넷 문서(*.htm, *.html)로 저장하면 된다.

(4) 카페(cafe) 및 블로그(blog)에서 [글쓰기]를 이용

다음(Daum) 혹은 네이버(Naver)의 카페(cafe) 및 블로그(blog)에서 [글쓰기]를 클릭하고 HTML을 체크(☒)한 후에 HTML 명령어를 입력하고, [미리보기]를 클릭하여 실행결과를 확인하면 된다. HTML을 처음으로 공부하는 사람에게 적합한 실습 방법이라고 할 수 있다.

2. 이미지 불러오기

＜img src＝"http://www.mis.or.kr/images/new_main_13.gif"＞

위의 HTML 명령어는 웹 사이트(www.mis.or.kr) 내의 폴더(images) 안에 저장되어 있는 이미지 파일(new_main_13.gif)을 불러와서 웹브라우저(Internet Explorer) 화면에서 보여 달라는 의미로 해석할 수 있다. 옥션, G마켓 등의 오픈마켓(open market)에서의 상품 등록 과정에서 상세정보를 꾸밀 때에 자주 사용하는 명령어이다.

예를 들어, postimage(postimage.org) 등과 같은 이미지 호스팅 사이트(image hosting site)에 상품이미지를 등록한 후에 위의 명령어를 사용하여 옥션, G마켓 등의 상품정보(혹은 상품상세정보) 페이지에서 보여주게 된다.

한편, <img> 태그에서 사용할 수 있는 다양한 속성은 〈표 1−1〉과 같은데, width 및 height는 자주 사용하는 속성이며 함께 사용할 수 있다.

표 1-1 〈img〉 태그의 속성

속성	설명	사용예
src	이미지 파일의 경로 지정	<img src="123.jpg">
alt	이미지 설명 문장을 지정	<img src="123.jpg" alt="행복한 그림">
width	이미지 폭 지정	<img src="123.jpg" width="400">
height	이미지 높이 지정	<img src="123.jpg" height="400">
border	이미지 테두리 두께 지정	<img src="123.jpg" border="3">

참고 이미지의 크기 조정포토샵으로 만든 이미지 혹은 불러온 이미지가 클 때에는 width 및 height를 사용하여 이미지의 크기를 아래와 같이 조정할 수 있다. 다만, 가로와 세로의 크기를 동일한 비율에 따라 조정하는 것이 중요하다. 예를 들어 <img src="123.jpg" width="300" height="300">에서 width="150"으로 변경을 하였다면, 동일한 비율에 따라 height="150"으로 변경하는 것이 필요하다. 그렇기 않으면 이미지의 비율 차이로 인해 찌그러지거나 해상도가 떨어지게 될 수 있다.

3. 텍스트 혹은 이미지를 클릭하여 링크시키기

(1) 텍스트를 클릭하여 링크시키기

텍스트를 클릭하여 링크시키기 위해서는 아래와 같은 HTML 명령어를 만들어서 사용하면 된다.

<a href="http://www.mis.or.kr" target=win1>
<FONT COLOR=RED SIZE=3><B>사랑나눔회</B></FONT>
</a>

위의 명령어는 텍스트(사랑나눔회)를 클릭하면 웹 사이트(www.mis.or.kr)로 링크시키는 명령어이다. 그런데 target＝win1은 현재의 웹브라우저는 그대로 둔 상태에서 새로운 웹브라우저(예를 들어 Internet Explorer)를 불러와서 웹 사이트(www.mis.or.kr)로 링크시키라는 의미이며, 실습할 때에 target＝win1을 삭제한 후에 실습해 보면 그 차이를 쉽게 알 수 있다.

＜FONT COLOR＝RED SIZE＝3＞＜B＞사랑나눔회＜/B＞＜/FONT＞ 명령어를 해석해 보면, 사랑나눔회라는 글자를 붉은색(COLOR＝RED)으로, 크기는 3으로 그리고 진하게(B) 표시하라는 의미이다. 아울러, RED 대신에 다른 컬러를 상징하는 단어, 3 대신에 다른 숫자, B를 삭제 한 후에 사용해 보면 그 차이를 알 수 있다. 참고로 숫자 3은 HWP로 10 폰트 크기에 해당된다. 한편, ＜font＞ 태그에서 사용할 수 있는 다양한 속성은 〈표 1－2〉과 같다.

표 1－2 〈font〉 태그의 속성

속성	설명	사용예
color	글자색상 지정	＜font color＝"red"＞
size	글자크기 지정	＜font size＝"3"＞
face	글꼴 지정	＜font face＝"궁서체"＞

(2) 이미지를 클릭하여 링크시키기

이미지를 클릭하여 링크시키기 위해서는 아래와 같은 HTML 명령어를 만들어서 사용하면 된다.

＜a href＝"http://www.mis.or.kr" target＝win1＞
＜img src＝"http://www.mis.or.kr/images/new_main_13.gif"＞
＜/a＞

위에서와 같이 사랑나눔회라는 글자 대신에 이미지(new_main_13.gif)

를 불러오는 명령어를 사용할 수 있는데, 이미지(new_main_13.gif)를
클릭하면 웹 사이트(www.mis.or.kr)로 링크시키는 HTML 명령어이다.
즉, 특정 웹 사이트로 링크를 시키기 위해서는 텍스트(사랑나눔회)를
클릭할 수도 있고, 이미지(new_main_13.gif)를 클릭할 수도 있다는 것
을 의미한다.

4. 테이블(table) 만들기

테이블(table)을 만들기 위해서는 <table>, <tr>, <td> 태그의
사용방법에 대해 알고 있어야 하는데, 아래의 예를 통해 테이블을 만
드는 방법에 대해 설명할 것이다.

```
<table border=1>
<tr>
<td>
<img src="http://www.mis.or.kr/images/booknewbiz.gif" width=270>
</td>
<td>
<img src="http://www.mis.or.kr/images/new_main_13.gif">
</td>
</tr>
</table>
```

booknewbiz.gif 이미지	new_main_13.gif 이미지

그림 1-15 table 명령어로 만든 테이블

위의 명령어를 살펴보면, 먼저 <tr>…</tr> 명령어로 만든 한 줄로 된 테이블(table)에 <td>…</td> 명령어를 이용하여 2칸을 만든 후에 <img src="이미지 주소"> 명령어를 사용하여 이미지 (booknewbiz.gif, new_main_13.gif)를 불러와서 각 칸에서 보여주는 명령 어이다. 즉, [그림 1-15]에서와 같이 이미지 호스팅 사이트에 등록되 어 있는 포토샵 이미지를 불러와서 각 칸에서 보여주게 된다. 또한 border=1은 테이블의 테두리를 1픽셀(pixel)로 나타내라는 것이며, width=270은 이미지의 가로 폭을 270픽셀로 하라는 의미이다. 만약 에 이미지의 높이를 조절하려면 height=270과 같이 사용하면 되며, border=0으로 설정하면 테이블의 테두리가 보이지 않게 된다. 사실, 대부분의 웹 사이트들은 테이블(table)을 사용하여 만들고 있지만, border=0으로 설정하여 테두리가 보이지 않게 할 수 있다.

한편, 테이블(table)을 만들 때의 기본적인 절차는 아래와 같다.

① 먼저 <tr>…</tr>를 활용하여 줄을 만드는데, [그림 1-15] 에서는 2개의 선을 활용하여 한 줄을 만들었다는 것을 보여주고 있다. 만약에 테이블(table)이 2줄로 구성되어 있으면 <tr>… </tr>를 2번 사용하면 된다.

② <td>…</td>를 활용하여 <tr>…</tr>로 만든 테이블의 줄 내에 있는 칸을 만들 때에 사용한다. 예를 들어, 한 줄에 두 칸을 만들 때에는 <tr>…</tr> 내에 <td>…</td>를 두 번 사용하면 되며, 세 칸을 만들 때에는 <tr>…</tr> 내에 <td>…</td>를 세 번 사용하면 된다.

한편, 두 줄 및 두 칸의 테이블(2 × 2)을 만들려고 하면, 위의 table 명령어에서 <tr>에서 </tr>까지를 그대로 복사하여 한 번 더 사용 하면 된다. 즉, [그림 1-16]과 같은 테이블을 만들기 위한 HTML 명 령어는 다음과 같다.

booknewbiz.gif 이미지	new_main_13.gif 이미지
booknewbiz.gif 이미지	new_main_13.gif 이미지

그림 1-16 두 줄 및 두 칸의 테이블

```
<table border=1>
<tr>
<td>
<img src="http://www.mis.or.kr/images/booknewbiz.gif" width=270>
</td>
<td>
<img src="http://www.mis.or.kr/images/new_main_13.gif">
</td>
</tr>
<tr>
<td>
<img src="http://www.mis.or.kr/images/booknewbiz.gif" width=270>
</td>
<td>
<img src="http://www.mis.or.kr/images/new_main_13.gif">
</td>
</tr>
</table>
```

위의 HTML 명령어를 보면, <tr>…</tr>를 두 번 사용하여 두 줄을 만들었으며, 첫 번째의 <tr>…</tr> 내에 두 개의 <td>…</td>를 활용하여 두 칸을 만들었다. 마찬가지로 두 번째의 <tr>…</tr> 내에도 두 개의 <td>…</td>를 활용하여 두 칸을 만든 것을 볼 수 있다.

참고 홍보, 광고 및 상품판매를 위한 다양한 웹 사이트를 개발하고 운영할 때에는 테이블(table) 명령어를 사용하는 것이 좋으며, 위에서 언급한 바와 같이 border=0으로 설정하여 테두리가 보이지 않게 하는 것도 가끔 필요하다.

5. 게시판의 글 제목을 클릭하여 게시판의 글로 링크 시키는 방법

카페(cafe)의 특정 게시판에 교류모임 혹은 행사에 대한 홍보 글을 등록한 후에 그 글의 제목을 카페의 메인페이지에 등록하고, 네티즌들이 글의 제목을 클릭하면 게시판에 등록되어 있는 글의 내용을 볼 수 있도록 하는 것은 아래의 HTML 명령어로 만들 수 있다.

① 메인페이지에서 텍스트를 클릭했을 때에 특정 게시판으로 링크하기를 활용하면 된다. 아래에서 '사랑나눔회' 대신에 교류모임 혹은 행사제목 및 일정을 입력하면 된다.

```
<a href="http://www.mis.or.kr" target=win1>
<FONT COLOR=RED SIZE=3><B>사랑나눔회</B></FONT></a>

<a href="http://www.mis.or.kr" target=win1>
<FONT COLOR=BLUE SIZE=3><B>창업교육</B></FONT>
<FONT COLOR=RED SIZE=3><B>12월 31일(토)</B></FONT>
</a>
```

② <a href="http://www.mis.or.kr">에서 따옴표 안에는 게시판에
등록되어 있는 글의 제목 위에 마우스를 올려놓고 오른쪽 마우스
를 클릭한 후에 [속성] 혹은 링크주소 복사(Copy Link Address)
를 선택하여 주소(URL)를 복사하여 입력하면 된다([그림 1-17]
참고). 즉, 게시판에 등록되어 있는 글의 주소(URL)로 링크시키
라는 것인데, 결국 그 글의 내용을 볼 수 있도록 한다.

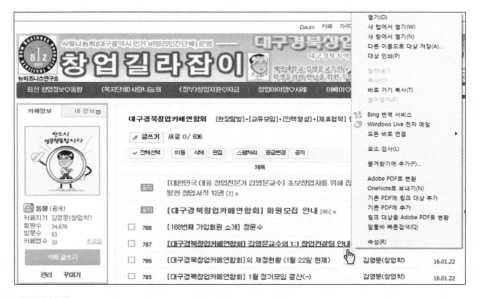

그림 1-17 게시판에 등록된 글의 주소(URL)를 확인하기

③ target=win1은 새로운 창(웹브라우저)을 열어서 링크를 시킬 때
에 사용한다.

④ 위에서 만든 HTML 명령어들을 활용하여 테이블(table)로 만들어
도 되는데, 여러 건을 동시에 홍보하고 싶을 때에 유용하게 활용
할 수 있다.

참고 등록한 글의 주소(URL)를 확인

요즈음 카페(cafe), 블로그(blog), 밴드, 인스타그램, 페이스북 등에 글을 등록한 후에 해당 글의 주소를 복사(copy)하여 외부의 웹사이트에서 HTML 명령어를 활용하여 링크를 시킬 수가 있다. 이를 위해서는 해당 글의 주소를 복사해야 하는데, 홍보 사이트에 따라 ① 게시물 URL, ② 링크 복사, ③ 주소 복사, ④ Copy link, ⑤ URL 복사, ⑥ 링크 주소 복사 등의 명칭으로 등록한 글의 주소(URL, uniform resource locator)를 제공하고 있다. 따라서 글을 등록한 후에는 해당 글의 (URL)주소를 복사한 후에 [3. 텍스트 혹은 이미지를 클릭하여 링크시키기]에 있는 HTML 명령어를 사용하여 링크(link)시키면 된다.

6. COLSPAN 및 ROWSPAN 명령어의 활용

테이블(TABLE)에서 특정 가로 줄 혹은 세로 줄의 일부를 합치는 경우에는 COLSPAN 및 ROWSPAN 명령어를 사용하면 된다.

① COLSPAN: colspan은 가로 줄을 묶는 기능이다. 예를 들어, colspan='2'는 셀 두 개를 하나로 합치게 되며, colspan='3'은 셀 세 개를 하나로 합치게 된다.

② ROWSPAN: colspan이 가로 줄을 합친다면, rowspan은 세로를 합치는 기능이다. 예를 들어, rowspan='2'는 위 및 아래의 줄을 하나로 합치게 되며, 세 줄을 하나로 합치게 되면 rowspan='3'으로 하면 된다.

③ 아래의 HTML 문서가 어떤 테이블을 만드는가에 대해 그림으로 그려보는 것은 COLSPAN 및 ROWSPAN 명령어를 이해하는데 많은 도움이 될 수 있다.

```
<TABLE border=1>
<TR>
<TD width=100 height=100 COLSPAN=2>  1  </TD>
```

```
</TR>
<TR>
<TD width=100 height=100> 3 </TD>
<TD width=100 height=100 ROWSPAN=2> 4 </TD>
</TR>
<TR>
<TD width=100 height=100> 5 </TD>
</TR>
</TABLE>
```

한편, COLSPAN 및 ROWSPAN을 활용하여 테이블(TABLE)을 만들 때에는 다음과 같은 순서로 진행하면 된다.

① 만들어야 하는 테이블(TABLE)이 몇 줄 그리고 몇 칸으로 구성되어 있는지를 파악한 후에 COLSPAN 및 ROWSPAN을 사용하지 않는 상태에서 완전한 테이블을 먼저 만든다.

② <td> 태그 내에 COLSPAN 혹은 ROWSPAN을 포함시킨다.

③ COLSPAN이 사용된 경우에는 <tr>…</tr> 태그 내에 있는 <td>…</td>를 삭제해야 하는데, COLSPAN=2의 경우에는 1개의 <td>…</td> 그리고 COLSPAN=3의 경우에는 2개의 <td>…</td>를 삭제해야 한다.

④ ROWSPAN이 사용된 경우에는 바로 아래에 있는 <tr>…</tr> 태그 내에 있는 <td>…</td>를 삭제해야 하는데, ROWSPAN=2의 경우에는 바로 아래에 있는 <tr>…</tr> 태그 내에 있는 1개의 <td>…</td>를 삭제하면 된다.

⑤ COLSPAN 및 ROWSPAN이 사용된 경우를 고려하여 어디에 있는 <td>…</td>를 삭제할 것인가에 대해 신중하게 결정하는 것이 필요하다.

참고 COLSPAN 및 ROWSPAN을 활용하면 화면 구성을 자유롭게 할 수 있는 장점이 있는데, 개발하고자 하는 웹 사이트의 화면을 바둑판 같이 획일적인 모양 보다는 조금 차별적으로 구성할 수 있다.

7. 기타 유용한 HTML 명령어

다양한 웹 사이트를 개발하기 위해 부가적으로 사용될 수 있는 HTML 명령어는 다음과 같은데, 네이버 및 구글 등의 포털사이트에서 다양한 HTML 명령어를 검색하여 활용할 수 있다(HTML 명령어, blog.naver.com/dml21wjd).

① <br>:
은 "line break"를 의미하며, 문단과 문단 사이에 빈 줄을 넣지 않고 줄만 바꾼다.
을 사용할 때에는 </BR>를 사용하지 않는다.

② <p>: <P> 태그는 단락이 시작하는 곳이나 단락이 끝나는 곳에 넣어서 단락을 구분하는 역할을 한다. <P> 태그를 단락이 시작하는 곳에 넣은 경우에는 단락의 앞에 빈 줄이 생기게 되고, 단락이 끝나는 곳에 넣는 경우에는 단락의 끝 부분에 빈 줄이 생기게 된다. </P>를 사용하지 않아도 상관없으며,
 태그를 두 번 사용하면 한 번의 <P> 태그와 동일한 효과가 발생한다.

③ <CENTER>: <CENTER> 태그는 문단을 가운데로 정렬시키는데, <CENTER> 이후에 나오는 모든 문단들은 </CENTER>를 만날 때 모두 가운데로 정렬된다.

④ 띄어쓰기( ): html에서 띄어쓰기를 하기 위해서는 를 한 개 혹은 여러 개를 사용하면 되는데, nbsp는 "none-breaking space"의 약자이다.

⑤ 주석 처리(<!-- 주석 내용 -->): <!-- 주석 내용 -->
사이에 필요한 내용을 작성하면 되는데(윈컴이, blog.wincomi.com),
HTML 문서를 설명할 때에 주로 사용하게 된다.

> **참고** 뉴비즈니스연구소(cafe.daum.net/isoho2jobs)의 [창업강의실＋실습교육] 게시
> 판에 있는 HTML 명령어들을 이용하여 스스로 공부하면 되며, 특히 81-82번
> 의 <FIELDSET>을 활용한 사례를 활용하면 온라인 홍보 및 광고를 진행하
> 는데 많은 도움이 될 것이다.

> **참고** 웹 브라우저(web browser)의 종류 및 활용
> ① 개념과 종류: 웹 브라우저(web browser)는 인터넷 웹페이지에 접속하여
> 볼 수 있게 해주는 프로그램을 말하는데, 아래의 3가지를 많이 활용한다.
> ⓐ 구글 크롬(Google Chrome)
> ⓑ 인터넷 익스플로러(Internet Explorer)
> ⓒ 네이버 웨일(Naver whale)
> ② 활용: 포토샵 및 HTML을 활용하여 웹 사이트를 개발하고 운영할 때에
> 사용하는 웹 브라우저(web browser)의 종류에 따라 결과 화면이 조금씩 다
> 르게 보이는 경우가 발생할 수 있다. 이에 따라, 본인이 원하는 결과 화면이
> 나타나지 않을 경우에는 위에서 언급한 다른 웹 브라우저(web browser)를
> 활용해 볼 필요가 있다.

활용 실무 HTML, 포토샵 및 이미지호스팅의 종합 활용

① 교재에 있는 ①포토샵 이미지 만들기, ②HTML 명령어, 그리고 ③이미지호스팅
사이트를 종합적으로 활용하여 실습해 보세요.
② Daum 카페에서 [글쓰기]−[< >HTML]을 체크한 후에 HTML 명령어를 입력한
후에 [확인]−[미리보기]−[등록]의 순서로 진행하면 된다. 수정을 하는 경우에는
[< >HTML삽입]을 선택−[< >HTML]을 클릭하면 된다.
③ 댓글로 ①교재에 있는 어떤 HTML 명령어를 어떤 목적으로 활용했는가를 구체적으
로 설명하고, ②본인이 직접 만든 HTML 문서를 포토샵 이미지로 캡처하여 이미지
호스팅 사이트에 등록한 후에 링크 주소를 댓글로 등록해 보세요.

YouTube 채널 : 맛따라 · 길따라 · 창업

유튜브(YouTube)에 등록되어 있는 제1장의 [제3절 HTML의 이해와 활용]과 관련된 동영상 강좌는 다음과 같다.

① HTML문서를 만들기 위한 EDITPLUS의 사용방법
② HTML기초(태그, 문서의 구조)
③ HTML 입문 및 활용
④ HTML 명령어로 TABLE 만들기
⑤ frame의 이해와 활용
⑥ HTML문서에 이미지 넣기

YouTube 채널 : 맛따라 · 길따라 · 창업

유튜브(YouTube)에 등록되어 있는 [제1절, 제2절 및 3절]과 관련된 동영상 강좌는 다음과 같은데, 웹 사이트를 개발하고 운영하기 위해서는 포토샵, 이미지호스팅 사이트 및 HTML을 종합적으로 활용할 수 있는 실무지식을 갖추는 것이 필요하다.

① 포토샵 이미지를 이미지호스팅 사이트에 등록 및 활용하기
② HTML, 포토샵 및 이미지호스팅 사이트의 종합 활용

커뮤니티 개발 및 활용 실무

2

커뮤니티 개발 및 활용 실무

기업의 홍보를 위한 커뮤니티(community)로 효과적으로 활용할 수 있는 카페(cafe)를 만들 수 있는 사이트는 다음(Daum)과 네이버(Naver)가 있는데, 기업의 홍보라는 관점에서 볼 때에 다음(Daum)과 네이버(Naver)에서 동시에 카페(cafe)를 개설하여 운영하는 것이 바람직하다. 여기에서는 다음(Daum)에서의 카페(cafe) 만들기를 중심으로 설명을 할 것이며, 네이버(Naver)에서의 카페(cafe) 만들기도 거의 동일한 방법으로 쉽게 만들 수 있다.

제 1 절   다음(Daum)에서 커뮤니티 개발

1. 카페 만들기

다음(Daum)의 카페 메뉴에서 [카페 만들기]를 클릭하여, 아래의 항목들에 대해 필요한 정보들을 입력하거나 일부 항목들에 대해서는 별도의 입력이 없이 그냥 선택을 하면 된다.

① 카페이름: 한글, 영문, 숫자, 기호를 사용하여 입력하면 되는데, 카페이름은 6개월마다 변경이 가능하며, 네이버(Naver) 카페는 3개월마다 이름을 변경할 수 있다. 카페의 이름을 변경할 수 있다는 것은 카페의 특성 혹은 활용 목적이 변경이 된다는 것을 의미한다. 처음 카페를 만들 때에는 창업분야의 일을 생각하였

지만, 나중에 관광을 목적으로 하는 카페이름으로 변경하여 활용할 수도 있다는 것을 의미한다.

② 주소: 주소는 영어 소문자를 사용하는 것이 좋으며, 영어단어들을 조합하여 사용하는 것이 필요하다. 즉, 카페의 주소를 보면서 그 카페의 특징을 알 수 있도록 하는 것이 좋다. 예를 들어, 뉴 비즈니스연구소 카페의 주소로 사용되는 isoho2jobs는 "나(i)는 소호(soho)와 투잡스(2jobs)를 한다"라는 의미를 영어로 조합하여 만든 것이다.

③ 공개여부: 반드시 공개로 설정해야 한다.

④ 카테고리: 카페의 종류를 선택할 수 있는데, 별로 중요하지는 않다. 즉, 아무것이나 선택해도 된다.

⑤ 카페 검색어: 네티즌들이 특정 검색어를 사용하여 검색을 했을 때에 카페가 검색될 수 있도록 하는 것이 필요한데, 공백문자 등 특수문자는 사용할 수 없다. 특히 검색어 뒤에 공백문자가 있으면, [카페 만들기]의 클릭이 되지 않기 때문에 주의해야 한다. 혹시라도 공백문자가 있으면 삭제키(Delete 키)를 사용하여 반드시 삭제를 해야 한다.

⑥ 소개 글: 무엇을 하는 카페인지 혹은 어떤 정보를 제공하는 카페인지를 알려주기 위해 사용한다. 다른 사람이 운영하는 카페를 가입하는 경우에는 소개 글을 읽는 경우가 많기 때문에 정확하게 작성하는 것이 필요하다.

⑦ 카페 스킨: 원하는 스킨을 선택할 수 있으나, 반드시 선택할 필요가 없다. 카페 스킨은 나중에 [홈 꾸미기]에서 선택할 수도 있으며, 굳이 선택하지 않아도 상관은 없다.

⑧ 보안문자: 보안문자를 입력한다.

⑨ [카페 만들기]를 클릭하면, 기본적인 카페가 만들어진다.

⑩ [내 카페 바로가기]를 클릭하면, [그림 2-1]에서와 같이 처음 만든 카페를 볼 수 있다. 즉, [그림 2-1]의 카페는 가장 기본적

인 형태이며, 여기에서 [카페글쓰기] 아래에 있는 [관리] 혹은
[꾸미기]를 클릭한 후에 여러 가지의 메뉴 혹은 기능들을 활용
하여 기업에서 원하는 형태의 홍보 커뮤니티를 만들면 된다.

그림 2-1 처음 만든 Daum 카페의 모습

2. 홈 꾸미기

홈 꾸미기는 [관리]를 클릭 한 후에 [홈 꾸미기]를 클릭하면 된다.
혹은 [꾸미기]를 클릭하면, 바로 [홈 꾸미기]의 상태가 된다. [홈 꾸미
기]에는 스킨, 레이아웃, 영역별 꾸미기의 3가지 메뉴가 있으며, 개별
설정을 끝낸 후에는 반드시 [적용]을 클릭해야 한다.

① 스킨: 스킨에는 스킨과 배경의 두 가지 메뉴가 있는데, 카페를 잘 만들기 위해서 특별히 중요하지는 않다. 따라서 카페를 처음 만들 때에는 굳이 사용하지 않아도 되는 기능이다.

ⓐ 스킨: 여러 가지의 스킨 중에서 하나를 선택할 수도 있으며, 아무 것도 선택하지 않아도 상관이 없다. 다만, 스킨들을 선택한 후에 카페의 모습을 확인해 볼 수는 있다.

ⓑ 배경: [디자인]을 체크한 후에 [적용]−[확인]을 클릭하면 된다. 하지만, 배경에서 색상이나 직접 올리기는 잘 사용되지 않는다.

② 레이아웃: 레이아웃은 카페의 형태(혹은 모양)를 설정할 때에 사용하게 되는데, 단 구성, 홈 게시판 및 컨텐츠를 활용하여 카페의 활용목적에 따라 다양한 형태로 만들 수 있다.

그림 2-2 단 구성

ⓐ 단 구성: [그림 2-2]에서와 같이 3단B형을 클릭하면, 오른편 화면에서 카페의 구성 형태를 볼 수 있다. 저자가 2005년부터 다음(Daum)과 네이버(Naver)에서 카페를 운영하고 있는데, 3단B형이 가장 좋다고 판단한다. 또한 단 구성을 선택한 후에는 오른편 화면에서 메뉴들을 마우스로 드래그해서 원하는 위치에 놓으면 되는데, 필요하지 않는 경우에는 삭제버튼(×)을 클릭하여 삭제해도 된다. 어느 메뉴들을 어느 곳으로 이동시킬 것인가에 대해서는 다른 카페들을 벤치마킹하는 것이 필요하다.

ⓑ 홈 게시판: 카페 홈에 게시판을 추가할 때에 사용하며, 6개의 레이아웃 중에서 선택을 한 후에 클릭을 하면 된다. 홈 게시판을 사용할 때에는 사전에 [관리]-[메뉴관리]에서 사용하고자 하는 게시판을 먼저 추가하는 것이 필요하며, 추가한 레이아웃에 있는 [설정] 버튼을 클릭하여 카페 홈에서 사용하고자 하는 게시판을 선택하면 된다.

ⓒ 컨텐츠: 다양한 컨텐츠들은 마우스로 체크를 하면 카페에서 사용할 수 있는데, [자주 가는 링크]는 [설정]을 클릭한 후에 사이트명과 URL주소를 입력한 후에 [확인] 버튼을 클릭하여 웹 사이트를 추가하면 된다. [자주 가는 링크]에서는 카페지기가 자주 접속하는 웹 사이트들을 모두 등록해 두면 편리하게 활용할 수 있다.

③ 영역별 꾸미기

카페정보, 카페메뉴, 검색창, 게시판, 부가 컨텐츠에 대해 디자인, 색상 등을 꾸밀 수 있는 기능이며, 모두 사용할 필요는 없으며 카페정보와 카페메뉴만 꾸며도 충분하다. 예를 들어, 카페정보에서 원하는 디자인을 선택한 후에 기본색, 강조색 및 탭 이름을 수정하면 된다.

3. 대문 꾸미기

대문은 크게 직접 꾸미기, 웹진형, 사진형, 메모형, 동영상형의 5가지가 있었지만, 다음 카페(cafe)의 기능 변경에 따라 지금은 HTML 명령어로 꾸미기, 이미지, 동영상만 있다([그림 2-3] 참고).

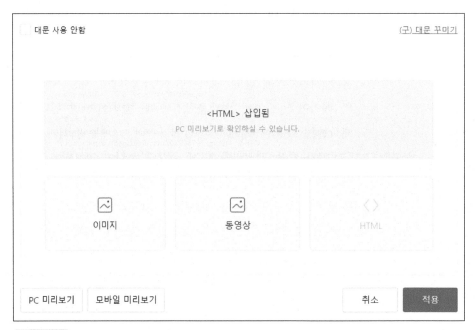

그림 2-3 대문꾸미기

(1) HTML 명령어로 대문 꾸미기

HTML 명령어를 활용한 대문 꾸미기를 하기 위해서는 HTML 명령어를 잘 사용할 수 있어야 하는데, [제3절 HTML의 이해와 활용]에서 설명한 HTML 명령어를 사용하면 충분히 가능하다. 또한 뉴비즈니스 연구소 카페(cafe.daum.net/isoho2jobs)의 대문이 HTML 명령어를 활용하여 만든 대표적인 사례라고 수 있는데, HTML 명령어를 활용한 대문 꾸미기의 장점은 아래와 같다.

ⓐ [상품등록 게시판]과 HTML을 활용하여 카페를 전자상거래 혹은 인터넷쇼핑몰로 만들 수 있다.

ⓑ 카페의 주요 수익 활동 및 기업에서 집중적으로 홍보하고 싶은 다양한 내용들을 HTML 명령어들을 활용하여 카페 메인에 공지할 수 있다.

ⓒ 창업자와 제휴하고 있는 다양한 웹 사이트를 홍보하여 카페 회원 및 비회원들이 직접 접속할 수 있도록 할 수 있다. 예를 들어, 카페에 접속하는 회원들이 카페지기가 운영하는 인터넷쇼핑몰 혹은 옥션에 등록되어 있는 특정 상품의 주문페이지로 바로 접속할 수 있도록 할 수 있는데, 이를 위해서는 HTML 명령어, 포토샵 이미지 및 이미지 호스팅 사이트를 활용하여 만들면 된다.

한편, 다음 카페(cafe)의 기능 변경에 따라 HTML 명령어로 꾸미기는 다음의 순서로 진행하면 된다.

ⓐ [꾸미기]-[대문]을 클릭한 후에 [<HTML> 삽입됨]을 클릭한다.

ⓑ 사각형의 박스 안에 HTML 명령어들을 입력한 후에 [확인]을 클릭한다.

ⓒ [PC 미리보기] 혹은 [모바일 미리보기]를 선택한 후에 HTML 명령어로 만들어진 대문을 직접 확인한다.

ⓓ [적용]을 클릭한 후에 "설정한 대문을 카페에 적용하시겠습니까?"에서 [확인]을 클릭한다.

ⓔ "카페에 적용되었습니다. 카페 홈 화면으로 이동하시겠습니까?"에서 OK를 클릭한다.

ⓕ HTML 명령어로 만들어진 대문을 다시 확인하며, 수정할 사항이 있는 경우에는 ⓐ에서 시작하여 ⓑ에서 수정하면 된다. 또한 수정이 끝나면 ⓒ에서 ⓔ까지 진행하면 된다.

(2) 이미지 및 동영상

이미지 및 동영상으로 대문 꾸미기가 가능하지만, 기업의 홍보를 효과적으로 진행하기 위해서는 위에서 설명한 HTML 명령어로 꾸미기를 하는 것이 더 중요하다.

4. 타이틀 꾸미기

타이틀 꾸미기는 [관리]－[타이틀 꾸미기]에서 할 수 있다. 또한 타이틀에는 템플릿, 배경, 카페이름, 카페주소, 타이틀 메뉴, 검색창, 카운터 등이 있는데([그림 2-4] 참고), 배경과 타이틀 메뉴가 가장 많이 사용되고 있다.

그림 2-4   타이틀 꾸미기

(1) 배경

뉴비즈니스연구소 카페(cafe.daum.net/isoho2jobs)와 같이 포토샵으로 배경을 만들어서 [배경]－[직접 올리기]를 하면 된다. 이미지의 가로의 길이는 1,100 픽셀로 해야 하며 세로의 길이는 임의대로 정할 수도 있지만, 일반적으로 106이 가장 이상적이라고 생각된다.

(2) 타이틀 메뉴

그림 2-5 타이틀 메뉴의 설정

타이틀 메뉴는 기본적으로 최신글 보기, 인기글 보기, 이미지 보기, 동영상 보기의 4가지로 설정되어 있는데, 중요한 게시판 혹은 홍보하고 싶은 정보들이 등록되어 있는 게시판으로 변경할 수 있다. 또한 새로운 메뉴를 추가할 수도 있으며, 수시로 변경이 가능하다. 예를 들어, [그림 2-5]와 같이 [최신글 보기]에서 삭제버튼(×)의 왼편에 있는 수정버튼을 클릭한 후에 [상세설정]에서 메뉴를 선택한 후에 메뉴명을 입력하면 된다.

ⓐ [메뉴]에서 타이틀 메뉴로 설정하고 싶은 게시판을 선택한다.

ⓑ [메뉴명]에서 표시하고자 하는 이름을 작성하면 되는데, 게시판의 이름을 그대로 사용해도 된다.

(3) 기타 타이틀 메뉴

먼저 템플릿은 이미 만들어 놓은 타이틀 중에서 선택하여 사용하는 것을 말하는데, 배경에서 언급한 것과 같이 포토샵으로 직접 만들어서 사용하는 것이 가장 좋다. 카페이름과 카페주소는 폰트, 글자크기, 폰트색, 효과 등을 사용하여 꾸미는 것을 말한다. 또한 검색창의 모양을 꾸미거나 카운터(counter)를 새롭게 설정하는 기능도 제공하고 있다.

5. 메뉴 관리

카페(cafe)를 만들 때에 가장 중요한 것이라고 하면 그것은 메뉴관리하고 할 수 있다. 즉, [그림 2-6]에서 보듯이 다양한 종류의 게시판 및 부가적인 메뉴들을 사용하여 카페(cafe)의 주요 메뉴를 만들고 운영하는 것이라고 할 수 있다. 메뉴 관리에서 중요하게 고려해야 하는 것들은 아래와 같다.

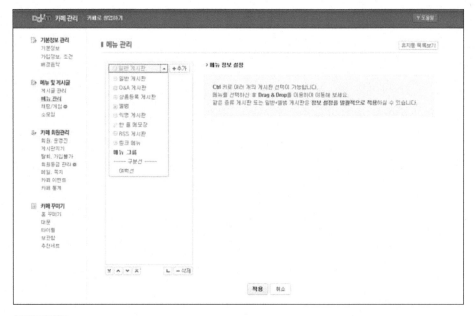

그림 2-6   메뉴관리 화면

(1) 게시판 및 주요 메뉴의 종류

카페에서 사용할 수 있는 게시판 및 주요 메뉴는 총 8가지가 있으며, 카페의 운영목적에 따라 여러 형태로 활용할 수 있다.

① 일반게시판: 쓰기, 댓글쓰기, 읽기의 3가지 권한을 설정할 수 있으며, 카페(cafe) 운영자 및 회원들이 글을 자유롭게 등록할 수 있는 게시판이다. 일반적으로 가장 많이 사용되는 게시판이며, 사용하고자 하는 게시판을 선택한 후에 [추가] 버튼을 누르면 된다.

② 상품등록게시판: 카페(cafe)에서 판매하고자 하는 상품을 등록하는 게시판이며, 상품은 안전거래 혹은 직거래로 판매할 수 있다. 상품등록게시판으로 인해 다음(Daum) 혹은 네이버(Naver) 카페(cafe)에서는 전자상거래 사이트로 활용이 가능하게 되었다.

③ 앨범: 카페(cafe)에서 진행하는 다양한 행사에 대한 사진을 올릴 수 있는 게시판이다.

④ 익명게시판: 누구 글을 등록하였는지를 공개하지 않을 때에 그리고 글을 등록하는 사람의 이름을 감추고 싶을 때에 사용하는 게시판이다. 카페(cafe)에서 익명게시판을 사용하는 것은 때로는 위험한데, 그것은 카페(cafe)의 성격과는 다른 글들이 무분별하게 등록되는 경우가 많기 때문이다.

⑤ 한 줄 메모장: 말 그대로 한 줄의 글을 등록할 때에 사용하는 게시판이며, 주로 정회원 등업요청, 인사 및 오늘 한마디 등을 위해 사용하면 편리하다.

⑥ 링크메뉴: 마우스로 클릭을 하면 특정 웹 사이트로 바로 링크를 시킬 수 있는 메뉴이며, 카페지기(카페를 개설한 사람 혹은 카페의 소유자) 및 카페운영자들만 볼 수 있도록 하려면 [메뉴 감추기]에서 [감추기]를 체크하면 된다. 링크메뉴는 레이아웃에서 설명한 [자주 가는 링크]와 유사하게 사용될 수 있다.

⑦ 메뉴그룹: 카페(cafe)에서 여러 개의 게시판들을 대표하는 제목을 등록할 때에 사용하게 되며, 메뉴그룹은 굵을 제목으로 표시된다. 예를 들어, 뉴비즈니스연구소 카페(cafe.daum.net/isoho2jobs)에서 살펴보면, 창업교육 공지 및 창업상담, 대구경북창업카페연합회, 김영문교수의 뉴비즈니스연구소, 동맹카페의 행사&교육 소식 등이 메뉴그룹이다.

⑧ 구분선: 게시판과 게시판을 구분하는 점선으로 표시된다.

위에서 설명한 8가지의 메뉴는 [추가] 버튼을 클릭하여 사용할 수 있는데, 유사한 카페를 벤치마킹을 한 후에 어떤 메뉴를 추가하여 사용할 것인가를 결정하면 된다. 다만, 회원이 5,000명 미만인 경우에는 전체 게시판의 수가 15－20개를 초과하지 않도록 하는 것이 필요하다.

(2) 게시판의 추가 및 주요 메뉴를 사용할 때의 유의사항

① 쓰기, 댓글쓰기, 읽기의 3가지 권한을 효과적으로 사용해야 한다. 특정 게시판에 글을 쓸 수 있는 권한, 댓글쓰기를 할 수 있는 권한, 그리고 읽기를 할 수 있는 권한을 어느 등급의 회원들에게 허용할 것인가를 결정해야 한다. 카페(cafe)에 가입하지 않은 사람은 손님이며, 가입한 사람은 준회원이 된다. 그 외에 정회원, 우수회원, 특별회원, 게시판지기 등은 카페지기가 정한 규칙에 의해 카페지기 및 운영자들에 의해 등업이라는 절차를 통해 부여받게 되는 회원등급이다.

② 게시판을 추가하여 권한 설정을 한 후에 반드시 [적용]을 클릭해야 한다. 그 외에 각 게시판별로 [메뉴 정보 설정]에 있는 다른 기능들은 그대로 두는 것이 좋으며, 각 게시판의 이름, 소개, 권한에 대한 설정 등이 끝나면, [적용]을 클릭하면 된다. 다만, 쓰기, 댓글쓰기, 읽기의 3가지 권한을 모두 카페지기로 설정을 한 후에 [메뉴 감추기]에서 [감추기]를 체크하는 경우에는 카페지기만 읽기를 할 수 있기 때문에, 그 게시판은 카페(cafe) 운영에 필요한 여러 가지의 비밀스러운 정보들을 등록할 수 있어 편리하게 이용할 수 있다. 카페지기만 사용

할 수 있는 비밀게시판에는 다음과 같은 정보들을 보관할 수 있다.

　㉠ 다른 카페 혹은 기관과의 제휴와 수익배분에 대한 사항

　㉡ 중요한 연락처(전화번호, 메일주소 등)

　㉢ 주요 수익모델의 종류

　㉣ 향후 진행하고 싶은 수익사업

　㉤ 기타 미래의 카페 운영 및 발전 방향

　③ 전체 게시판의 수는 15-20개로 시작하는 것이 좋다. 카페(cafe)를 개설한 후에 6개월 동안에는 가능하면 게시판을 적게 개설하는 것이 좋으며, 회원이 증가하면서 게시판의 수도 증가시키는 것이 필요하다. 그것은 초기에는 어떤 글을 등록해야 하는지에 대한 경험도 부족하고, 그러한 글들을 어디에서 가져올 수 있는지에 대한 지식도 부족하기 때문이다.

　④ 회원의 등급관리는 신중하게 해야 한다. 먼저, 한 줄 메모장을 활용하여 회원에 대한 등급관리를 할 때에 회원이름을 클릭한 후에 [회원정보]를 선택하면, 아래의 항목에 대한 정보들을 볼 수 있다.

　㉠ 가입일

　㉡ 최종 방문일

　㉢ 성별/나이

　㉣ 메일수신

　㉤ 쪽지수신

　위에서 가장 중요한 것은 메일수신과 쪽지수신인데, '받음'으로 되어 있는가를 확인해야 한다. 즉, 정회원으로 등급변경을 요청하면서 전체메일과 전체쪽지는 '받지않음'으로 되어 있다면, 정회원으로 등급을 변경하지 않는 것이 좋다. 카페의 모든 정보를 무료로 이용하면서 전체메일과 전체쪽지는 받지 않겠다는 것은 바람직하지 않기 때문이다.

　한편, 카페에 가입된 회원은 준회원인데, 해당 회원의 등급을 변경하려면 회원의 이름을 클릭한 후에 [회원정보]에서 정회원, 우수회원,

특별회원 중에서 선택을 한 후에 [변경]을 클릭하면 된다. 또한 카페
의 규칙에 어긋나는 글을 등록하거나 문제를 일으키는 회원에 대해서
는 [활동중지] 혹은 [강제탈퇴]의 조치를 할 수도 있는데, [강제탈퇴]
를 시키면 카페 회원의 수가 감소된다는 것을 생각해야 한다. 문제가
있는 회원에 대해서는 일정 기간 동안에 [활동중지]를 시키는 것이 카
페 회원 수의 유지를 위해서도 바람직하다는 것이다.

(3) 카페관리 메뉴의 효과적인 활용

① 기본정보

기본정보에는 기본정보, 운영회칙/히스토리, 양도/폐쇄의 3가지가
있는데([그림 2-7] 참고), 가장 중요한 것은 기본정보에 있는 카페 이
름의 변경이라고 할 수 있다. 다음(Daum) 카페에서는 6개월마다 카
페 이름을 변경할 수 있는데, 처음 카페를 만들었을 때의 목적 혹은
성격과는 상관없이 카페 이름을 변경하여 다른 목적으로 충분히 활용
할 수 있다. 예를 들어, 창업카페를 10년 이상 운영을 하였더라도 여
행카페로 이름을 변경하여 사용해도 전혀 문제가 되지 않는다는 것이
다. 물론 일부 회원들의 탈퇴는 가능하겠지만, 카페 메뉴의 변경 및
새로운 정보들을 지속적으로 제공하면 생각보다 탈퇴회원의 수는 많
지 않다.

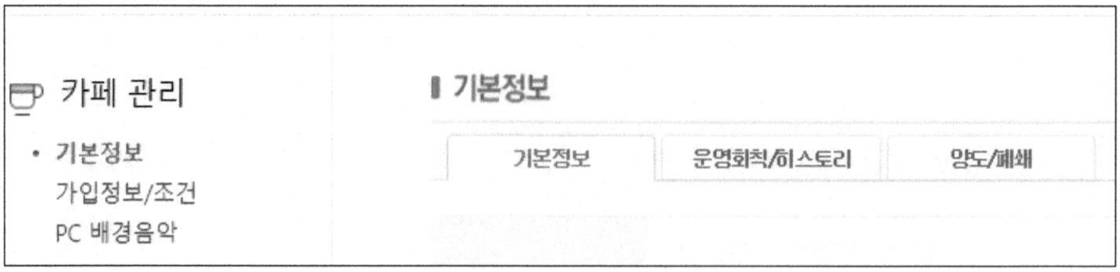

그림 2-7 기본정보

참고 기본정보에서는 대표이미지(151px×151px 이상)를 만들어서 등록할 수 있는데, 대표이미지는 카페를 표현할 수 있는 이미지라고 할 수 있다.

② 전체회원 및 운영진

전체 회원들을 볼 수 있는 메뉴이며, 회원 등급별로도 볼 수가 있다. 또한 일반적으로 회원이름을 클릭한 후에 회원들에 대한 등급은 특별회원까지만 변경할 수 있지만, 회원 및 운영진에서는 정회원, 우수회원, 특별회원, 운영자까지 등급을 변경할 수 있는 장점이 있다.

③ 게시판지기 관리

카페지기가 카페(cafe)에 대한 모든 권한을 갖고 있는 사람이라면, 게시판지기는 특정 게시판에 대한 모든 권한을 갖고 있는 사람이다. 즉, 게시판지기는 특정 게시판을 활용하여 다양한 수익 창출 활동을 할 수 있는데, 그러기 위해서는 카페지기가 특정 게시판에 대하여 특정 회원을 게시판지기로 선정해야 한다.

ⓐ [관리] - [게시판지기]를 클릭하고 게시판을 선택한 후에 [선정] 버튼을 클릭한다.

ⓑ 회원을 검색하거나 직접입력을 하여 회원을 선택한 후에 [확인] 버튼을 클릭한다.

ⓒ 게시판지기를 선정한 게시판의 상단에 보면 게시판지기의 이름이 나타난다.

④ 메일 및 쪽지 보내기

메일이나 쪽지를 보낼 수 있는데, 카페(cafe)에서 진행하는 다양한 활동에 대해 홍보할 수 있다. 전체회원 혹은 회원등급별로 메일이나 쪽지를 보낼 수 있으며, 텍스트 혹은 HTML 형식으로 보낼 수도 있다. 카페(cafe) 회원이 많은 경우에는 휴대폰으로 전송된 인증번호를 입력한 후에 메일이나 쪽지를 보낼 수 있도록 되어 있다.

카페에서 회원들에게 메일 및 쪽지를 보낼 때에는 일주일에 한 번 정도를 전송하는 것이 좋다. 너무 자주 보내게 되면 탈퇴하는 회원들도 많아지기 때문이다. 또한 메일의 제목을 잘 정하는 것이 필요하다.

⑤ 통계

카페 통계는 기본정보, 카페 유입, 활동 BEST 회원에 대한 정보를 제공하고 있는데, 카페가 어떻게 발전하고 있는가를 한 눈에 알 수 있다. 카페지기는 카페통계를 정기적으로 살펴보면서 카페를 활성화시킬 수 있는 다양한 활동들을 진행하는 것이 필요하다. 카페 통계는 카페의 메인에서 [카페정보]-[프로필]-[랭킹정보]에서도 부분적으로 볼 수 있다. 특히 경쟁관계에 있는 다른 카페의 [프로필]을 살펴보는 것도 필요하다.

⑥ 기타

앞에서 설명한 것들 외에도 가입정보 및 조건, 배경음악, 채팅/게임, 소모임, 탈퇴 및 가입불가, 회원등급 관리, 카페 이벤트 등이 있는데 필요에 따라 활용하는 것도 필요하다. 예를 들어, 카페(cafe) 내에 다양한 소모임을 운영하는 경우에는 [소모임]을 활용하여 소모임에 대한 승인을 해 주면 된다.

제 2 절   네이버(Naver)에서 커뮤니티 개발

1. 카페(cafe) 만들기

2003년에 서비스를 시작한 국내 '원조 커뮤니티'인 네이버 카페는 커뮤니티(community)의 수준을 넘어 새로운 비즈니스 플랫폼으로 자리 잡고 있는 실정이다(뉴스1, 2022.7.5.). 이에 따라 10−20대뿐만 아니라 신규 사용자가 지속적으로 유입되고 있는 실정이어서, 네이버 카페 (cafe)를 활용한 홍보 그리고 비즈니스는 크게 확산될 전망이다. 한편, 네이버 카페(cafe)를 개발하는 방법은 다음(Daum) 카페와 크게 차이가 없으며, 아래의 순서로 진행하면 된다.

① 카페홈(section.cafe.naver.com)에서 [카페만들기]를 클릭한다.
② [그림 2−8]의 [카페만들기]에서 카페이름부터 시작하여 꼼꼼하게 확인하면서 모두 입력한 후에 [확인]을 클릭하면 기본적인 모양의 카페가 만들어진다.
③ [카페관리]를 클릭하여 [관리홈]에 있는 메뉴들을 하나씩 클릭해 가면서 설정하는 것이 필요하다([그림 2−9] 참고). 다만, 어떤 메뉴의 경우에는 특별히 설정할 필요가 없을 수도 있지만, 커뮤니티 운영자의 비즈니스(new business start−up)를 조금 더 체계적으로 지원하기 위해서 어떤 메뉴들을 조금 더 효과적으로 활용할 것인가에 대해서도 깊이 생각하는 것이 필요할 것이다.
④ 네이버 카페(cafe)를 기업 혹은 상품에 대한 홍보를 목적으로 만드는 경우에는 카페의 회원이 많아지게 될 때에는 상품판매와도 연계될 수 있도록 네이버 카페에서 제공하는 [상품등록게시판]과 같은 메뉴를 자세하게 살펴보는 것이 필요하다.

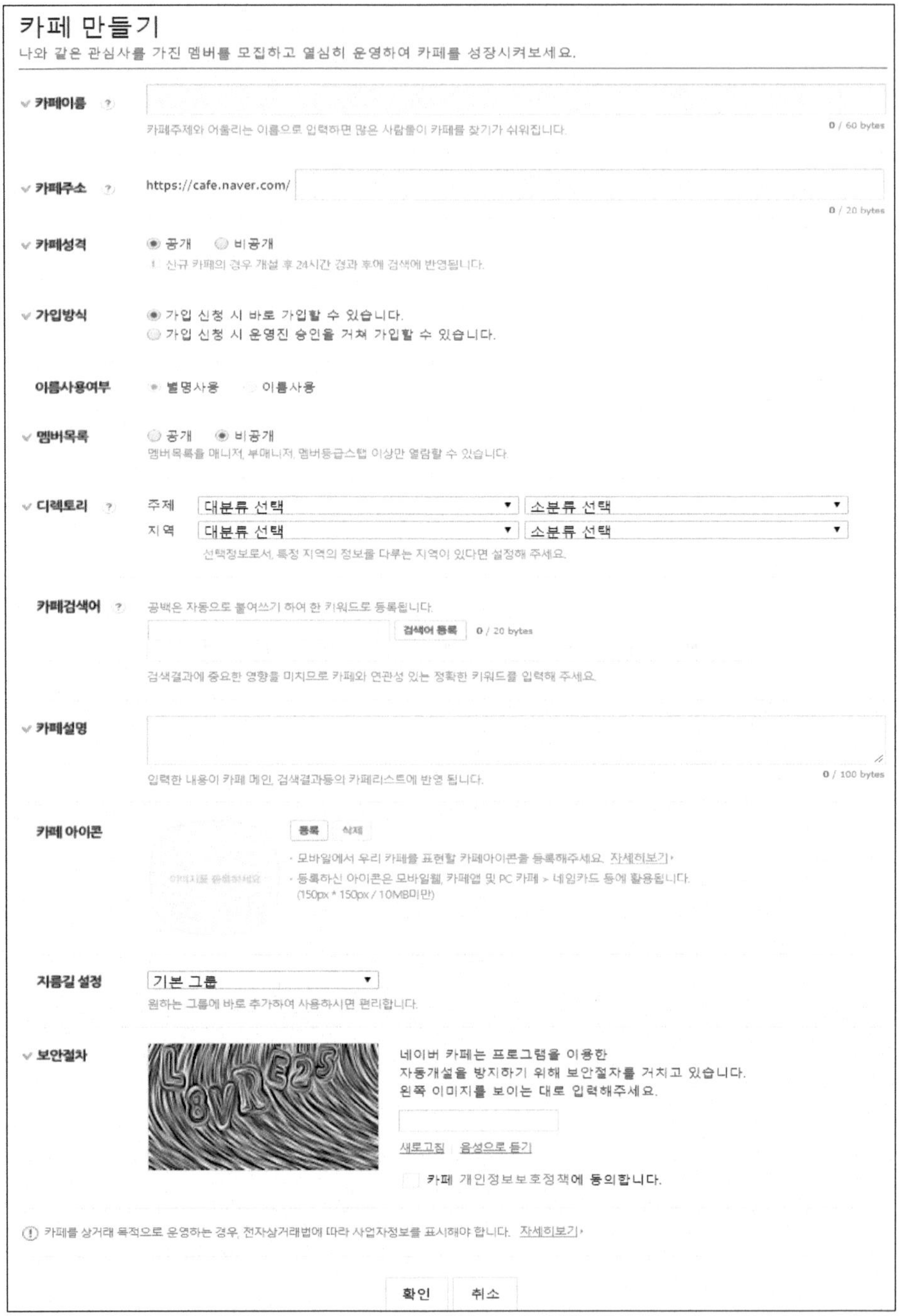

카페 만들기

나와 같은 관심사를 가진 멤버를 모집하고 열심히 운영하여 카페를 성장시켜보세요.

카페이름   ?

카페주제와 어울리는 이름으로 입력하면 많은 사람들이 카페를 찾기가 쉬워집니다.   0 / 60 bytes

카페주소   ?   https://cafe.naver.com/

0 / 20 bytes

카페성격   ● 공개   ○ 비공개
ⅰ 신규 카페의 경우 개설 후 24시간 경과 후에 검색에 반영됩니다.

가입방식   ● 가입 신청 시 바로 가입할 수 있습니다.
○ 가입 신청 시 운영진 승인을 거쳐 가입할 수 있습니다.

아름사용여부   ● 별명사용   ○ 이름사용

멤버목록   ○ 공개   ● 비공개
멤버목록을 매니저, 부매니저, 멤버등급스탭 이상만 열람할 수 있습니다.

디렉토리   ?   주제 [대분류 선택 ▼] [소분류 선택 ▼]
지역 [대분류 선택 ▼] [소분류 선택 ▼]
선택창보로서, 특정 지역의 정보를 다루는 지역이 있다면 설정해 주세요.

카페검색어   ?   공백은 자동으로 붙여쓰기 하여 한 키워드로 등록됩니다.
[   ] [검색어 등록] 0 / 20 bytes
검색결과에 중요한 영향을 미치므로 카페와 연관성 있는 정확한 키워드를 입력해 주세요.

카페설명
0 / 100 bytes
입력한 내용이 카페 메인, 검색결과등의 카페리스트에 반영 됩니다.

카페 아이콘   [등록] [삭제]
· 모바일에서 우리 카페를 표현할 카페아이콘을 등록해주세요. 자세히보기 ·
· 등록하신 아이콘은 모바일웹 카페앱 및 PC 카페 > 네임카드 등에 활용됩니다.
(150px * 150px / 10MB미만)

자름길 설정   [기본 그룹 ▼]
원하는 그룹에 바로 추가하여 사용하시면 편리합니다.

보안절차   네이버 카페는 프로그램을 이용한
자동개설을 방지하기 위해 보안절차를 거치고 있습니다.
왼쪽 이미지를 보이는 대로 입력해주세요.
[   ]
새로고침 음성으로 듣기
□ 카페 개인정보보호정책에 동의합니다.

ⓘ 카페를 상거래 목적으로 운영하는 경우 전자상거래법에 따라 사업자정보를 표시해야 합니다. 자세히보기 ·

[확인] [취소]

그림 2-8   네이버 카페 만들기

카페 운영	멤버·스탭	가입·등급	메뉴	글·글양식
기본 정보	전체 멤버 관리	가입 정보 관리	메뉴 관리	글양식
이벤트 관리	활동정지 멤버 관리	가입 신청 관리	카페북 관리	태그
매니저 위임	강제탈퇴 멤버 관리	가입 불가 관리		글쓰기 조건 설정
카페 폐쇄	스탭 관리	멤버 환영 관리		게시글 보호 설정
		가입 환영 메일 설정		
		멤버 등급 관리		
스팸·삭제글	**꾸미기**	**통계**	**채팅**	**메일·쪽지**
스팸 관리	레이아웃	일간 현황	채팅 사용 설정	메일보내기
삭제 글/댓글 보기	스킨	방문 분석		쪽지보내기
	타이틀	사용자 분석		
	카페 대문	순위		
	모바일 카페앱	게시판 분석		
	배경음악			

그림 2-9 네이버 카페의 메뉴

① 카페 운영
    ⓐ 기본 정보
    ⓑ 이벤트 관리
    ⓒ 매니저 위임
    ⓓ 카페 폐쇄
② 멤버 · 스탭
    ⓐ 전체 멤버 관리
    ⓑ 활동정지 멤버 관리
    ⓒ 강제탈퇴 멤버 관리
    ⓓ 스탭 관리
③ 가입 · 등급
    ⓐ 가입 정보 관리
    ⓑ 가입 신청 관리
    ⓒ 가입 불가 관리
    ⓓ 멤버 환영 관리
    ⓔ 멤버 등급 관리
④ 메뉴
    ⓐ 메뉴 관리
    ⓑ 카페북 관리

⑤ 글 · 글양식

    ⓐ 글양식

    ⓑ 태그

    ⓒ 글쓰기 조건 설정

    ⓓ 게시글 보호 설정

⑥ 스팸 · 삭제글

    ⓐ 스팸 관리

    ⓑ 삭제 글/댓글 보기

⑦ 꾸미기

    ⓐ 레이아웃

    ⓑ 스킨

    ⓒ 타이틀

    ⓓ 카페 대문

    ⓔ 모바일 카페

    ⓕ 배경음악

⑧ 통계

    ⓐ 일간 현황

    ⓑ 방문 분석

    ⓒ 사용자 분석

    ⓓ 순위

    ⓔ 게시판 분석

⑨ 채팅

    ⓐ 채팅 개설 권한

⑩ 메일 · 쪽지

    ⓐ 메일보내기

    ⓑ 쪽지보내기

한편, 위에서 정리한 것과 같이 커뮤니티로써 네이버 카페에서 제공하는 메뉴는 매우 다양한데, 다소 시간이 걸리더라도 메뉴 하나씩 클릭해가면서 어떤 기능을 제공하고 있는가를 살펴보는 것이 필요하다. 또한 기업의 입장에서 어떤 메뉴를 조금 더 적극적으로 활용할 것인가도 생각하는 것이 중요할 것이다.

또한 다음(Daum)과 네이버(Naver)에서 카페(cafe)를 만들 때에는 우선 회원이 5,000명이 넘는 카페들을 방문하여 카페의 전체적인 구성, 메뉴의 구성, 포토샵 및 HTML의 활용 등에 대해 살펴본 후에 본인의 카페를 만드는 것이 필요할 것이다. 즉, 개발 및 운영이 잘 되고 있는 카페(cafe)들을 벤치마킹(benchmarking)하는 것이 중요하다.

2. 네이버 카페(cafe) 개발의 핵심 사항

네이버 카페(cafe)를 개발할 때에 중요한 사항들은 다음과 같은데, 다른 카페들은 아래의 사항들에 대해 어떻게 설정하였는지를 확인해 보는 것도 좋을 것이다.

① [카페운영]−[기본정보]−[모바일 카페설정]에서 카페 아이콘을 등록한다.

② [꾸미기]−[타이틀]에서 포토샵으로 만든 타이틀 이미지를 등록한다.

③ [꾸미기]−[레이아웃]에서 6개의 레이아웃(2단 좌측메뉴, 2단 우측메뉴, 3단 좌측메뉴, 3단 우측메뉴, 3.5단 좌측메뉴, 3.5단 우측메뉴)중에서 하나를 선택한 후에 [상단메뉴] 및 [출력설정]을 하는 것이 필요하다([그림 2−10] 참고).

ⓐ [상단메뉴]는 타이틀 이미지 바로 아래에 나타나게 되는데, 중요한 게시판을 메뉴로 꺼내볼 수 있도록 설정하는 것을 말한다.

ⓑ [출력설정]은 위에서 선택한 레이아웃에 카페 배너, 카운터, 시계, 환율, 카페 인기태그, 최근 댓글/답글, 접속멤버 등의 메뉴를 자유롭게 추가할 수 있다.

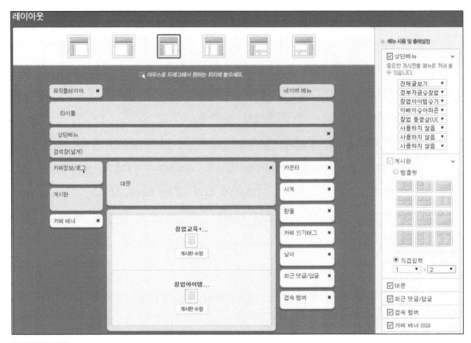

그림 2-10 네이버 카페의 레이아웃

④ [꾸미기]-[카페대문]은 HTML 명령어를 사용하여 꾸미는 것
이 최상이라고 할 수 있는데, 뉴비즈니스연구소(cafe.naver.com/
ihavetwojobs)를 참고하면 된다.

⑤ [메뉴]-[메뉴관리]에서 카페의 운영에 필요한 메뉴(게시판)을
추가한 후에 [권한 설정]을 해야 하는데, 글쓰기, 댓글쓰기 및
읽기 권한의 설정은 회원 증가 및 카페의 효과적인 운영을 위해
매우 중요하다고 할 수 있다.

⑥ [꾸미기]-[레이아웃]에서 왼쪽에 있는 템플릿 2-3개를 사용하
는 것이 필요하다. 템플릿을 사용하게 되면, 메뉴(게시판)에 등록
되어 있는 콘텐츠(contents)들을 카페 대문에 바로 노출시킬 수
있는 장점이 있으며, 이를 통해서 카페를 방문하는 고객들이 해
당 메뉴를 클릭하지 않고 카페 대문에서 바로 볼 수 있는 장점
이 있다.

⑦ [카페운영]-[기본정보]에서 카페이름은 3개월 단위로 수정할 수 있다.

⑧ 카페의 운영과 관련하여 가장 중요한 것이라고 하면 바로 매일 다양한 콘텐츠를 등록하는 것이며, 콘텐츠는 텍스트, 이미지, 동영상(UCC) 등으로 구분할 수 있다. 또한 카페에 등록하는 다양한 컨텐츠는 다른 웹 사이트에서 무단 복제하여 등록하기보다는 카페 운영자가 독창적으로 만든 후에 등록하는 것이 카페 가입자의 증가 및 카페운영의 활성화에 매우 중요할 것이다.

활용 실무 네이버 카페(cafe) 만들어서 운영하기

① 네이버 카페(cafe)를 직접 만들어서 운영해 보세요.

② 다음의 사항을 꼭 준수하는 것이 필요하다.

  ⓐ 본인이 직접 만든 포토샵 이미지(꾸미기(타이틀 이미지), 기본정보(카페 아이콘)를 등록한다.

  ⓑ [카페 대문]에서 교재에 있는 다양한 HTML 명령어를 활용하면서 포토샵 이미지 및 이미지호스팅사이트를 활용하여 [카페 대문]을 만들어 보세요.

  ⓒ 카페(cafe)의 성격과 관련된 다양한 콘텐츠를 자주 등록하는 것이 필요한데, 콘텐츠는 텍스트, 이미지 및 동영상 등을 활용하여 다양하게 활용하는 것이 중요하다.

제3절 커뮤니티의 성공적인 개발 및 운영

창업자가 선택한 비즈니스(혹은 창업아이템)를 성공적으로 홍보하기 위한 목적으로 활용하게 되는 카페(cafe)를 성공적으로 운영하기 위한 전략은 아래와 같다.

① 네이버(Naver) 혹은 다음(Daum)에서 운영 중인 카페(cafe) 중에서 회원이 많은 카페(cafe)들이 어떻게 운영되고 있는가에 대해 조사하고 벤치마킹(Benchmarking)하는 것이 필요하다.

② 카페(cafe)는 특정 분야에 관심이 있는 사람들이 교류하는 커뮤니티(community)이기 때문에 다음과 같은 몇 가지를 확실하게 결정하는 것이 필요하다.

　ⓐ 어떤 사람들을 대상으로 하는 커뮤니티(community)를 운영할 것인가?

　ⓑ 어떤 종류의 컨텐츠(contents)를 제공하여 다른 카페들과 차별화를 할 것인가?

　ⓒ 장기적으로 어떤 수익모델(business model)을 개발하고 유지할 것인가?

　ⓓ 성공하는 비즈니스를 위해 어떤 카페 혹은 웹 사이트들과 제휴하고 협력할 것인가?

③ 카페(cafe) 외에 밴드(band), 페이스북(facebook), 인스타그램(instagram), 트위터(twitter) 등과 같은 다양한 SNS들과의 연계적인 운영을 통하여 커뮤니티를 확장시키는 것을 적극적으로 고려해야 하는데, 이를 위해서는 [제1장 포토샵(Photoshop) 및 HTML 활용실무]에서 설명한 포토샵 이미지 및 HTML 명령어를 활용하는 것이 필요할 것이다.

한편, 카페(cafe)를 성공적으로 운영하기 위해서는 아래에서 제안하는 3가지에 대한 조사, 벤치마킹 및 HTML 명령어를 활용한 카페의 연동에 대해 조사하거나 실행하는 것이 필요하다.

1. 성공적인 커뮤니티에 대한 조사

네이버(Naver) 혹은 다음(Daum)에서 카페(cafe) 운영을 성공적으로 하고 있는 3-5개 정도의 사례를 찾아서 아래의 사항들에 대해서 조사를 해 보는 것이 중요하다.

① 구체적으로 무엇을 하는 카페인가?

② 그 카페의 주요 수익모델(business model, BM)은 무엇이라고 생각하는가?

③ 회원 증가를 위해 어떻게 홍보하거나 광고하고 있다고 생각하는가?

④ 장기적으로 수익성이 좋아질 것이라고 생각하는가?

⑤ 수익성 향상을 위해서 어떤 점들이 개선되어야 한다고 생각하는가?

2. 벤치마킹(Benchmarking)

본인이 관심이 있는 분야의 비즈니스(new business start-up)를 지원하기 위해 운영되고 있는 회원 5.000명 이상의 네이버(Naver) 혹은 다음(Daum) 카페(cafe) 3개 정도를 찾아서 어떻게 운영되고 있는가에 대해 구체적으로 벤치마킹(Benchmarking)을 한 후에 카페(cafe)를 개설하여 직접 운영해 보는 것이 필요하다.

① 벤치마킹을 한 3개 카페(cafe) 이름 및 주소를 메모하기
② 벤치마킹(Benchmarking)을 통해 알게 된 중요한 사항 3-5가지
를 생각하기
③ 본인의 카페(cafe) 이름 및 주소를 확정하기

3. HTML 명령어를 활용한 카페의 연동

경영자 혹은 초보창업자로서 본인이 도전하고 싶은 창업분야의 네이버(Naver) 및 다음(Daum) 카페(cafe)를 동시에 개설한 후에 홍보하거나 광고하고 싶은 내용을 HTML 명령어를 활용하여 상호 연동시켜 보는 것이 필요하다. 예를 들어, 네이버(Naver) 카페(cafe) 및 기업에서 운영하고 있는 다양한 웹 사이트에 등록되어 있는 내용을 다음(Daum) 카페(cafe)의 대문에서 홍보를 진행하고, 그 내용에 대해 관심이 있는 네티즌들은 네이버(Naver) 카페(cafe) 및 다양한 웹 사이트로 바로 접속할 수 있도록 HTML 명령어, 포토샵 이미지 및 이미지 호스팅 사이트를 활용하여 연동시키면 된다.

YouTube 채널 : 맛따라 · 길따라 · 창업

유튜브(YouTube)에 등록되어 있는 제2장의 [커뮤니티 개발 및 활용 실무]와 관련된 강좌는 다음과 같다.

① 네이버 카페(cafe)만들기
② 네이버 카페로 인터넷쇼핑몰 만들기
③ Daum카페 만들기 및 상품판매하기
④ 카페(cafe)를 만들 때의 고려사항 10가지

블로그 개발 및
활용 실무

블로그 개발 및 활용 실무

1. 블로그의 개념 및 종류

블로그(blog)는 웹(web)과 로그(log)의 합성어로 개인의 생각과 경험, 알리고 싶은 견해나 주장, 나아가 전문지식 등을 웹에다 일기처럼 기록해 다른 사람들도 보고 읽고 댓글을 달 수 있게끔 열어 놓은 글 모음을 말한다(네이버 지식백과, terms.naver.com). 국내 주요 블로그 서비스로는 네이버 블로그, 티스토리, 이글루스 등이 있으며, 글로벌 서비스로는 워드프레스 닷컴, 라인 블로그(일본), 구글 블로거(blogger) 등이 있으며(국제신문, 2022.10.18.), 많은 사람들이 개설하여 사용하고 있는 블로그는 다음과 같다.

① 네이버 블로그(blog.naver.com)

② 다음 블로그(티스토리, www.tistory.com)

③ 구글 블로그(www.blogger.com)

④ 이글루스(www.egloos.com)

한편, 네이버 블로그의 경우에는 2022년에 약 200만 개 블로그가 새롭게 생성됐으며, 전체 블로그 수는 총 3,200만 개로 집계되었다. 또한 네이버 블로그 신규 사용자 중 10대부터 30대까지 젊은 세대가 전체의 76%에 달했다고 한다(뉴시스, 2022.12.13.). 하지만, 다음 블로그(blog.daum.net)는 2022년 9월 30일자로 종료되었으며, 2006년 5월에 개설되어 2007년 7월부터 다음(Daum)이 모든 운영권을 가지게 된 티스토리(tistory)로 통합되어 운영되고 있다. Tistory는 tatter tools(태터 툴즈)＋history의 합성어이며, 태터툴즈(tatter tools)는 블로그를 만들 수 있도록 하는 프로그램을 말한다.

2. 네이버 블로그의 개발 및 운영

(1) 네이버 블로그의 주요 메뉴

네이버(Naver) 블로그에서 [관리·통계]를 클릭해 보면, 크게 아래의 3가지 메뉴로 구성되어 있다. 또한 각 메뉴별로 다양한 기능에 대해 하나씩 확인하면서 필요한 설정을 하는 것이 필요하다([그림 3-1] 참고).

① 기본 설정
② 꾸미기 설정
③ 메뉴·글 관리

한편, 다음(Daum), 네이버(Naver) 혹은 구글에서 블로그를 만들 때에는 우선 방문자가 많다고 생각되는 블로그들을 방문하여 전체적인 구성, 메뉴의 구성, 포토샵 및 HTML의 활용 등에 대해 살펴본 후에 홍보를 위한 블로그를 만드는 것이 효과적이다. 예를 들어, 아래의 사항들에 대해 조사 혹은 벤치마킹을 하는 것이 필요할 것이다.

① 블로그를 어떻게 만들었는가?
② 어떤 포토샵 이미지들을 제작하여 블로그를 꾸몄는가?
③ 어떤 메뉴를 개설하였는가?
④ HTML 명령어들은 어떻게 사용하고 있는가?
⑤ 블로그를 활용하여 어떻게 돈을 벌고 있는가?

기본 설정	꾸미기 설정	메뉴 · 글 관리	내 블로그 통계
기본 정보 관리	**스킨**	**메뉴 관리**	**오늘**
블로그 정보 ●	스킨 선택	상단메뉴 설정	일간 현황
블로그 주소	내 스킨 관리	블로그	
프로필 정보		메모게시판	**방문 분석**
기본 에디터 설정	**디자인 설정**	프롤로그	조회수
	레이아웃·위젯 설정		순방문자수
사생활 보호	세부 디자인 설정	**글배달**	방문 횟수
블로그 초기화	타이틀 꾸미기	블로그씨 질문	평균 방문 횟수
방문집계 보호 설정	글·댓글 스타일		재방문율
콘텐츠 공유 설정		**글 관리**	평균 사용 시간
	아이템 설정	댓글	
스팸 차단	퍼스나콘	태그	**사용자 분석**
스팸 차단 설정	뮤직	글 저장	유입분석
차단된 글목록	폰트		시간대 분석
댓글·안부글 권한		**플러그인·연동 관리**	성별·연령별 분포
	네이버 페이·선물 내역	글쓰기 API 설정	기기별 분포
열린이웃	페이 이용내역	그린리뷰 배너 설정	이웃 방문 현황
이웃·그룹 관리	아이템 선물내역	애드포스트 설정	이웃 증감수
나를 추가한 이웃			이웃 증감 분석
서로이웃 맺기			국가별 분포
			순위
			조회수 순위
			공감수 순위
			댓글수 순위
			블로그 평균 데이터
			지표 다운로드

그림 3-1 네이버 블로그의 관리 메뉴

(2) 네이버 블로그 개발 및 운영의 핵심사항

네이버(Naver) 블로그를 개발하고 운영할 때에 알아야 하는 중요한 사항들은 아래와 같은데, [그림 3-1]에 있는 메뉴들을 살펴보면서 직접 설정해 보는 것이 필요하다.

① [관리]−[꾸미기 설정]−[디자인 설정]−[타이틀 꾸미기]를 클릭한 후에 오른쪽에 있는 [타이틀]−[디자인]−[직접등록]−[파일등록]에서 포토샵으로 직접 제작한 타이틀 이미지(가로 966px, 세로 50~600px)를 등록한 후에 [적용]을 클릭하면 된다([그림 3-2] 참고).

② [관리]−[기본 설정]−[기본 정보 관리]−[블로그 정보]에서 포토샵으로 만든 [블로그 프로필 이미지]를 등록한다.

그림 3-2   타이틀 이미지의 등록

③ [관리]-[꾸미기 설정]-[디자인 설정]에서 아래의 3가지를 설정한다.
  ⓐ 레이아웃 · 위젯 설정
  ⓑ 세부 디자인 설정
  ⓒ 글 · 댓글 스타일
④ [관리]-[메뉴 · 글 · 동영상 관리]-[메뉴 관리]-[상단메뉴 설정]-[메뉴사용 관리]-[블로그]에서 [카테고리 관리]를 클릭한 후에 [카테고리 관리 · 설정]에서 블로그의 [카테고리 추가]를 클릭한 후에 설정하면 된다. 사실 블로그의 경우에는 카페(cafe) 혹은 홈페이지와는 달리 5-10개 전후의 카테고리만 추가해도

된다.

⑤ [관리]-[메뉴·글·동영상 관리]-[메뉴 관리]-[상단메뉴 설정]-[상단 메뉴 지정]에서 상단 메뉴에 배치할 블로그 카테고리를 선택하면 되는데, 블로그 카테고리는 합쳐서 최대 4개까지 선택할 수 있다.

⑥ 블로그를 활용하여 비즈니스(new business start-up)를 효과적으로 지원하기 위해서는 매일 다양한 컨텐츠(텍스트, 이미지, 동영상)를 등록하는 것이 중요하다.

저자의 경험으로는 블로그에 매일 30개의 컨텐츠(텍스트, 이미지, 동영상)를 등록하게 되면, 6개월 후에는 블로그에 방문하는 사람들이 하루에 3천명이나 되었다. 즉, 홍보를 위해 개설하는 다양한 웹 사이트를 운영할 때에 가장 중요한 것은 네티즌들이 관심있는 다양한 컨텐츠(텍스트, 이미지, 동영상)를 매일 등록하는 것이라고 할 수 있다.

한편, 네이버 블로그에 글쓰기를 하여 다양한 컨텐츠(텍스트, 이미지, 동영상)를 등록하게 되면, 네이버 블로그에 등록한 컨텐츠의 오른쪽 상단에 자동으로 URL(uniform resource locator) 주소가 만들어지게 된다. 이를 활용하면 다른 외부 사이트에서 URL 복사를 한 주소로 링크(link)시킬 수가 있는데, 홍보 혹은 상품판매의 목적으로 효과적으로 활용할 수 있다. 예를 들어, 기업의 메인 사이트에서 홍보하고 싶은 내용 혹은 판매하고 싶은 상품이 등록되어 있는 네이버 블로그로 링크시킬 수가 있다. 아울러 포토샵, 이미지호스팅 사이트 및 HTML을 종합적으로 활용하면, 기업에서 홍보를 위해 운영하고 있는 모든 웹 사이트들을 상호 연동시켜서 운영할 수 있는데, 이를 활용하여 홍보효과를 극대화시킬 수 있다.

3. 구글 블로그의 개발 및 운영

(1) 구글 블로그의 개설

구글 블로그를 개발하는 절차에 대해서는 Blogger 고객센터에 있는 [블로그 만들기]에서 확인할 수 있는데, 구체적인 것은 아래의 웹 사이트 주소에서 확인할 수 있다.

① Blogger(www.blogger.com)에 로그인한다.

② 왼쪽에서 아래쪽 화살표 아래쪽 화살표를 클릭한다.

③ 새 블로그를 클릭한다.

④ 블로그 이름을 입력한다.

⑤ 다음을 클릭한다.

⑥ 블로그 주소 또는 URL을 선택한다.

　　([예] https://newbiz2001.blogspot.com)

⑦ 저장을 클릭한다.

> **참고** 구글 블로그 관련 웹 사이트 주소
> ① 구글(https://www.blogger.com/about/?hl=ko)
> ② Blogger 고객센터
> 　(support.google.com/blogger/answer/1623800?hl=ko)

한편, 구글 블로그를 만든 후에는 아래와 같은 몇 가지의 작업이 추가로 필요하며([그림 3-3] 참고), 수시로 다양한 컨텐츠를 등록하면 된다.

① 블로그 홈(www.blogger.com/home)에서 Theme을 클릭한 후에 테마(예: Simple Bold)를 선택한다.

② 포토샵으로 직접 만든 블로그의 헤더(Header) 이미지를 등록해야 하는데, [Layout]−[Header]에서 등록하면 된다.

③ 프로필을 등록해야 하는데, Edit User Profile(www.blogger.com/ edit-profile.g)에서 등록하면 된다.

④ 블로그에 다양한 컨텐츠를 등록하기 위해서는 블로그 홈의 왼쪽 상단에 있는 [+NEW POST]를 클릭하여 등록하면 된다.

그림 3-3   구글 블로그

(2) 다른 웹 사이트의 링크가 포함된 페이지 만들기

구글 블로그에서는 기업에서 운영하고 있는 다른 웹 사이트의 링크가 포함된 페이지를 아래의 순서로 만들 수 있는데([그림 3-4] 참고), 그것은 구글 블로그에서 HTML 명령어를 활용하여 다른 웹 사이트로 링크가 되도록 할 수 있다는 것을 의미이다.

① Blogger(www.blogger.com)에 로그인한다.

② 왼쪽 상단에서 블로그(B)를 선택한다.

③ 왼쪽 메뉴에서 Layout(레이아웃)을 클릭한다.

④ 페이지를 표시하려는 섹션([예] Cross-Column)에서 가젯 추가 (Add a Gadget)를 클릭한다.

⑤ HTML/JavaScript를 클릭한 후에 Title 및 Content를 작성하면 되는데, Content에서는 HTML 명령어를 활용하여 홍보하고 싶은 다른 웹 사이트들의 링크를 추가하면 된다. 아울러 이미지 호스팅 사이트에 등록된 이미지도 <img src=" "> 명령어를 활용하여 불러올 수 있다.

⑥ SAVE를 클릭하여 저장한다.

⑦ View blog를 클릭하여 블로그에서 다른 웹 사이트들에 대해 정상적으로 링크가 되는지를 확인한다.

한편, [그림 3-4]에서는 HTML 명령어를 활용하여 홍보하고 싶은 Daum카페, Naver카페, 구글 블로그, 밴드 및 인스타그램의 링크를 추가하였다. 또한 이미지 호스팅 사이트에 등록된 상품이미지를 <img src=" "> 명령어를 활용하여 불러온 후에 이미지를 클릭하면 상품을 구매할 수 있는 전자상거래 사이트 혹은 인터넷쇼핑몰의 상품구매 페이지로 링크가 되도록 만들어 보았다.

그림 3-4 링크가 포함된 페이지 만들기

[그림 3-4]에서 만든 링크가 포함된 페이지는 아직은 미완성이지만, 구글 블로그에서는 포토샵 이미지, HTML 명령어 및 이미지 호스팅 사이트의 3가지를 활용하여 기업에서 개발하여 운영하고 있는 모든 홍보 사이트들과의 연동이 가능하다. 이를 활용하여 기업의 홍보효과를 극대화시킬 수 있다.

4. 파워 블로그의 사례 및 벤치마킹

블로그를 활용하여 비즈니스(new business start-up)를 직접 진행하거나 지원하기 위해서는 소위 말하는 파워 블로그들을 조사하고 벤치마킹(Benchmarking)하는 것이 필요할 것이다. 예를 들어, 관심 있는 분야의 블로그 중에서 매일 방문자가 500명이 넘어가는 블로그들의 활동을 꾸준히 조사하고 살펴보는 것으로도 자신이 파워블로거(power Blogger)로 성장하고 발전하는데 많은 도움이 될 수 있다.

① 행복한중기씨(blog.naver.com/smallgiantk): 누적 방문자 595만명 (2019.07.27. 기준)

② 전기안전 미리미리(blog.naver.com/kescomiri): 누적 방문자 1,114만명(2019.07.27. 기준)

③ 1등 엄마의 새로운 시작(blog.naver.com/kika4865): 누적 방문자 3,905만명(2019.07.27. 기준)

④ 한별이의 제약영업 나눔터(blog.naver.com/bluesurf1088): 누적 방문자 450만명(2019.07.27. 기준)

⑤ 배짱이의 여행스토리(blog.naver.com/1978mm): 누적 방문자 600만명

한편, 파워 블로그의 사례 및 벤치마킹과 더불어 본인이 관심이 있는 분야의 비즈니스(new business start-up)를 홍보하기 위해 추가적으로 해야 할 것은 아래의 두 가지로 생각할 수 있다.

① 성공적인 블로그의 조사: 다음(티스토리), 네이버(Naver) 그리고 구글(Google)에서 블로그를 성공적으로 운영하고 있는 사례들을 조사한 후에 블로그를 효과적으로 개발하고 꾸미기 위해 어떤 HTML 명령어 및 포토샵 이미지들을 활용하고 있는가를 조사해 보는 것은 성공적으로 블로그를 운영하는데 많은 도움이 될 것이다.

② 블로그의 개설 및 운영: 다음(티스토리), 네이버(Naver) 그리고 구글(Google)의 블로그 등을 직접 개설하여 운영하는 것은 필요한데, 가능하면 다양한 블로그를 개설하여 운영하는 것을 추천한다.

③ 포토샵 이미지, HTML 명령어 및 이미지 호스팅 사이트의 3가지를 통합적으로 활용하여 홈페이지형 블로그뿐만 아니라 전자상거래형 블로그로 발전시키는 것이 필요하다.

참고 블로그 만들기 9단계 완벽 가이드: WIXBlog(ko.wix.com/blog/post/how-to-start-a-blog)에서는 블로그 만들기 9단계를 아래와 같이 제시하고 있다.

① 블로깅 플랫폼 선택하기

② 호스팅 플랫폼 고르기

③ 블로그 분야 찾기

④ 블로그 이름 및 도메인 선택하기

⑤ 블로그 설정 및 디자인하기

⑥ 블로그 주제에 대해 브레인스토밍하기

⑦ 첫 블로그 게시물 작성하기

⑧ 편집 일정 만들기

⑨ 블로그 홍보하기

활용 실무   네이버 및 구글 블로그 개발 및 운영

① 네이버 및 구글 블로그의 메뉴를 꼼꼼하게 살펴보면서 어떤 포토샵 이미지들을 직접 만들어서 등록할 수 있는지를 찾아보세요. 다른 블로그에 접속하여 살펴보는 것도 도움이 될 수 있다.

② 메뉴(게시판)를 만들 수 있는 경우에는 5-10개 전후를 만든다.

③ 구글 블로그에서는 다른 웹사이트의 링크가 포함된 페이지 만들기를 하여 평소에 자주 접속하는 5-10개 사이트에 접속할 수 있는 페이지를 만들어 본다.

YouTube 채널 : 맛따라 · 길따라 · 창업

유튜브(YouTube)에 등록되어 있는 제3장의 [블로그 개발 및 활용 실무]와 관련된 강좌는 다음과 같다.

① (네이버 및 구글) 블로그 만들기

② 인터넷홈페이지로서 블로그와 카페

③ 블로그의 개발 및 운영

CHAPTER

4

동영상 제작 및 활용 실무

동영상 제작 및
활용 실무

1. 동영상 공유 플랫폼

(1) 유튜브(YouTube)

유튜브(YouTube)는 구글이 운영하는 동영상 공유 서비스로써 사용
자가 동영상을 업로드하고 시청하며 공유할 수 있도록 하는데, 당신
(You)과 브라운관(Tube, 텔레비전)이라는 단어의 합성어이다(네이버 용어
사전, terms.naver.com).

요즈음은 효과적인 홍보를 위해서 동영상을 제작하여 활용하는 경
우가 많은데, 제작된 동영상들의 대부분은 2005년에 서비스를 시작한
동영상 공유 플랫폼인 유튜브(YouTube)에 등록하게 된다. 한편, 유튜
브(www.youtube.com) 채널 만들기는 다음과 같이 진행하며 된다.

① 유튜브에 회원가입을 하면 채널이 자동으로 만들어지며, Channel
customization(studio.youtube.com/channel/UCJ1qi09UgaSfA−_LSwf2aIw/
editing/images)의 Branding에서 사진(Picture) 및 배너 이미지(Banner
image)를 등록하면 된다.

② Basic Info에서 Name, Handle, Description 등을 설정한다.

(2) 네이버TV

네이버TV(tv.naver.com)는 다양한 채널과 프로그램을 무료로 시청할
수 있는 온라인 동영상 서비스라고 할 수 있는데, 네이버TV의 경우에
는 타 플랫폼(유튜브, 네이버 블로그, 카페 등)의 구독자 또는 이웃이 100

명 이상 있어야 채널 개설이 가능하다.

또한 네이버TV 채널은 네이버TV 고객센터(help.naver.com/service/17223/category/bookmark?lang=ko)의 [채널 개설]에서 아래의 사항을 참고로 하여 본인의 채널을 개설하면 된다.

① 첫 채널 개설 신청
   - 첫 채널 개설 신청 방법
   - 첫 채널 개설 기준 안내
② 채널 만들기
   - 채널 만들기 방법
   - 채널 카테고리(분류) 안내
③ [내 채널 바로가기]-[기본 채널]-[채널 정보 관리]에서 채널 이름, 프로필 배너, 로고 이미지 등을 설정한 후에 동영상을 등록하면 된다.

(3) 카카오TV

카카오TV(tv.kakao.com)는 카카오와 자회사 카카오엔터테인먼트에서 제공하는 종합 동영상 서비스라고 할 수 있다. 또한 카카오TV 채널 만들기에 대해서는 유튜브에서 [카카오TV 채널 개설]을 검색하면, 여러 강좌들이 개설되어 있다.

① 카카오TV-채널추가
② 채널정보(tv.kakao.com/station/summary) 혹은 채널관리(tv.kakao.com/station/channel)에서 [홈]-[관리]에서 채널 관리에 필요한 내용을 입력한 후에 [채널 아이콘] 및 [채널 배경] 이미지를 등록한다.
③ 카카오TV 가입 & 채널개설 방법
   (www.youtube.com/watch?v=7KKYtn3J0gM)

(4) 저자의 유튜브, 네이버TV 및 카카오TV

현재 저자가 운영하고 있는 네이버TV, 카카오TV 및 유튜브 채널은 아래와 같은데, 유튜브가 네이버TV 혹은 카카오TV에 비하여 홍보효과는 훨씬 더 좋은 것 같다.

① 유튜브(www.youtube.com/@newbiz2001): 2008년 2월 1일 개설
② 네이버TV(tv.naver.com/isoho2jobs): 2023년 6월 8일 개설
③ 카카오TV(tv.kakao.com/channel/4379091/video): 2023년 6월 24일 개설

2. 무비메이커를 활용한 동영상(UCC) 만들기

(1) 동영상(UCC) 편집 프로그램

창업기업에서 고객들을 대상으로 홍보하고 싶은 것들을 동영상(UCC)으로 제작할 수 있도록 도와주는 편집 프로그램은 아래와 같이 다양하다.

① 곰믹스
② 알씨 동영상
③ 프리미어 프로(Premiere Pro)
④ 무비메이커(movie maker)
⑤ 모바비(Movavi)
⑥ VideoShow
⑦ 움짤

(2) 무비메이커(movie maker)를 활용한 동영상(UCC) 제작

윈도우 무비 메이커(Windows Movie Maker)는 마이크로소프트 윈도우의 영상 제작 및 편집 소프트웨어이다(위키백과, ko.wikipedia.org). 이

에 따라 유튜브(YouTube)에 동영상을 등록하기 위해 무비메이커(movie maker)를 활용하여 동영상(UCC)을 제작하면 되는데([그림 4-1] 참조), 그 절차는 다음과 같다.

① [비디오 및 사진 추가]를 활용하여 비디오 및 사진을 추가한다.

② 사진은 [편집]−[재생시간]에서 재생시간을 조절한다.

③ 동영상에 [제목], [자막] 및 [제작진]을 넣는다.

④ 기타 다양한 기능을 사용하여 동영상의 완성도를 높인다.

⑤ [프로젝트 저장(S)]을 클릭하여 동영상 프로젝트 파일을 저장해야 하는데, 나중에 수정·보완하기 위해서는 프로젝트 파일은 꼭 보관하는 것이 필요하다.

⑥ [동영상 저장]을 클릭한 후에 인터넷에 등록할 동영상을 컴퓨터용(C)으로 저장한다.

그림 4-1 무비메이커

(3) 팟인코더(Pot Encoder)를 사용하여 동영상 변환 및 용량 줄이기

스마트폰으로 촬영한 mp4 파일의 동영상을 avi 파일의 동영상으로 변환하거나 무비메이커로 만든 동영상(UCC)의 용량을 줄일 때에는 팟인코더(Pot Encoder)를 활용하면 되는데, 팟인코더(Pot Encoder)는 다음(Daum)에서 무료로 다운받을 수 있다([그림 4-2] 참조). 아울러 팟인코더는 긴 영상에서 필요한 부분만 자르거나 여러 개의 영상을 합치고 싶을 때, 또 동영상의 앞뒤에 오프닝과 엔딩을 삽입할 수도 있는 기능도 제공하고 있다(케이벤치 2010.2.23). 한편, 팟인코더를 사용할 때에 고려사항은 다음과 같다.

① 여러 개의 동영상을 불러서 한꺼번에 용량을 줄일 수 있다.

② 인코딩 옵션에서 "100M인코딩"을 선택해야 한다.

③ 저장 폴더에서 인코딩된 동영상을 저장할 폴더를 지정해야 한다.

그림 4-2   팟인코더

3. 곰믹스(GOM Mix)를 활용한 동영상(UCC) 만들기

곰믹스(GOM Mix)를 활용하여 동영상(UCC)을 만드는 절차는 아래와 같이 8단계로 구분하여 설명할 수 있는데(출처 미확인 및 [그림 4-3] 참조), 위에서 설명한 무비메이커에 비해 사용하기가 더 쉽다는 장점이 있다.

① 곰믹스 다운로드 및 설치(www.gomlab.com/gommix-video-editing)

② 편집할 영상 불러오기: 편집할 영상/이미지 파일들을 그대로 우측 '소스' 박스에 드래그를 하거나 우측 상단에 있는 [파일 추가] 버튼으로 추가한다.

③ 타임라인 정리하기: 처음에 영상 소스를 불러오면 제멋대로 타임라인에 모두 들어가 있는데, 영상들을 클릭한 후 삭제(Delete) 키를 통해 타임라인에서 삭제할 수 있다. 또한 [파일 추가] 버튼으로 불러온 영상들은 타임라인으로 추가할 순서를 사전에 결정한 후에 추가하는 것이 필요하다.

④ 타임라인에 영상 정렬하기: 정리한 타임라인에 이제 소스 박스에 있는 영상들을 순서대로 타임라인에 정렬시킨다. 각 영상 끝부분에 커서를 갖다 대면 ↔로 커서가 변하며, 영상의 길이를 조절할 수 있다. 순서 정렬과 길이 조절까지 할 수 있다.

⑤ 음악 추가하기: 영상을 불러온 것처럼 동일하게 음악 파일도 불러오면 된다. 미리보기를 재생했을 때 타임라인에 영상들이 전환되면서 음악이 끊기는 현상이 발생하지만 실제 인코딩이 완료된 후 출력된 영상에는 아무 이상이 없다.

⑥ 자막 추가하기: 소스 박스 상단 '텍스트/이미지' 탭 클릭 후 우측에 '텍스트 추가' 버튼을 클릭한 후에 자막을 입력한다. 자막도 ④번의 설명과 마찬가지로 끝부분에 ↔ 커서로 자막의 시작과 끝을 지정할 수 있다.

⑦ 영상 다듬기: 영상과 음악, 자막까지 모두 작업이 완료되었다. 영상 길이에 비해 터무니없이 긴 음악 줄여야 하는데, 끝부분에 커서를 두고 그대로 줄이면 된다.

그림 4-3 곰믹스의 첫 화면

⑧ 영상출력을 위한 인코딩: 영상 편집이 완료된 후에 영상을 출력하기 위해선 '인코딩' 작업이 필요하다. 인코딩을 하지 않으면 완성된 결과물을 볼 수가 없다. 이를 위해 먼저 곰믹스 우측 하단에 '출력 설정'에서 영상 크기(화면크기)를 설정한다. 또한 우측 하단 빨간색 '인코딩 시작' 버튼을 누른 후 저장 경로와 파일 이름을 지정 후 [인코딩 시작] 버튼을 누르면 내가 직접 만든 영상이 출력된다.

⑨ 인코딩이 완료된 동영상을 유튜브(YouTube) 등 다양한 웹사이트에 등록하면 된다.

한편, 위에서 설명한 곰믹스(GOM Mix)를 활용하여 동영상(UCC)을 만들 때에 고려해야 할 사항들을 정리하면 다음과 같다.

① 동영상(UCC)을 만들기 위해서는 직접 촬영한 영상뿐만 아니라 사진(혹은 포토샵 이미지)를 미리 준비해야 하는데, 촬영한 사진의 경우에는 포토샵 이미지로 만들어야 한다.

② 직접 촬영한 영상 중에서 필요 없는 내용은 자르기(Ctrl+X) 및 삭제(Delete) 기능을 활용하여 삭제하면 된다.

③ 사진(혹은 포토샵 이미지)는 등록한 후에 재생시간을 조절하면 되는데, 사진을 확대(Ctrl+1) 혹은 축소(Ctrl+2)한 후에 사진의 끝 부분에서 커서(↔)로 조절하면 된다.

④ 동영상(UCC)의 맨 처음에는 [텍스트/이미지]−[텍스트 추가]에서 제목을 입력하면 되며, 자막도 추가할 수 있다.

⑤ 편집한 동영상(UCC) 파일은 프로젝트로 저장(Ctrl+S)한 후에 보관하는 것이 필요하며, 웹사이트에 등록할 동영상(UCC)은 [인코딩 시작]으로 저장하면 된다.

참고 곰믹스 사용 방법

곰믹스(GOM Mix)를 활용하여 동영상을 제작하는 방법에 대해 더 많은 정보가 필요하면, 아래의 사이트에서 확인할 수 있다.

① 곰믹스 사용법: 아무것도 몰라도 영상편집한다(ryun1004.tistory.com/739)

② "완전 초보"도 한 번 보면 따라하는 무료 영상편집 프로그램 팁 (post.naver.com/my.naver?memberNo=12179716)

③ 셀리가 알려주는 쉬운 유튜브 동영상 편집 프로그램 곰믹스 프로 사용법 (blog.naver.com/eh919/222510835972)

4. 동영상(UCC)의 등록

제작이 완료된 동영상(UCC)은 아래와 같이 다양한 사이트에 등록할 수 있는데, 많은 사람들이 접속하거나 검색하는 웹 사이트에 등록하는 것이 효과적이다.

① 다음(www.daum.net): tv팟(tvpot.daum.net), 카페(cafe), 블로그(blog) 등에 등록하면 된다.

② 네이버(www.naver.com): 카페(cafe), 블로그(blog) 등에 등록하면 된다.

③ 유튜브(www.youtube.com): 유튜브에 동영상을 등록한 후에 My channel(오른편 상단에 있는 channel icon을 클릭하면 있음)을 클릭하면 본인이 등록한 모든 동영상들을 확인할 수 있다([그림 4-4] 참조).

④ 판도라TV(www.pandora.tv)

⑤ SNS: 트위터(www.twitter.com), 페이스북(www.facebook.com) 등에 등록한다.

⑥ 네이버TV(tv.naver.com)

⑦ 카카오TV(tv.kakao.com)

⑧ 기타: 홍보를 위해 제작된 동영상을 등록할 수 있는 다양한 사이트에 등록한다.

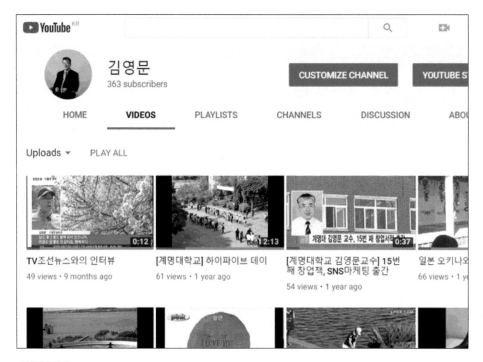

그림 4-4 유튜브의 My channel

5. 동영상(UCC)을 활용한 홍보

　　동영상(UCC)을 제작하거나 등록하는 과정에서 홍보 효과를 높이기 위해서 고려해야 할 점들은 아래와 같다.

　　① 동영상(UCC) 내에 회사의 주소, 전화번호 및 상품을 구매할 수 있는 전자상거래 사이트의 주소 등을 하나의 사진(이미지)으로 만들어서 추가시키는 것이 좋으며, 사진(이미지)의 재생 시간은 3~5초 정도로 설정하여 메모할 시간이 충분하도록 설정하는 것이 필요하다.

　　② 위에서 제시한 다양한 웹사이트에 등록한 동영상(UCC)의 설명부분(Comments)에 기업의 웹사이트 주소를 포함시키는 것은 웹사

이트의 홍보 및 접속에 많은 도움이 될 수 있다. 한편, 상품판매를 목적으로 하는 동영상(UCC)을 제작하는 경우에는 상품을 구매할 수 있는 사이트의 구체적인 주소를 동영상(UCC)의 설명부분(Comments)에 입력하는 것이 상품판매에 많은 도움이 될 수 있을 것이다.

③ 최대한 많은 수의 동영상(UCC)을 제작하고 등록하는 것이 홍보의 효과를 높일 수 있으며, 이를 위해 10분 분량의 동영상 한 개를 2-3분 분량의 4-5개의 동영상으로 제작하여 동영상(UCC)의 수를 늘리는 것도 생각할 수 있다.

④ 동영상을 등록한 웹사이트에서 동영상별 플레이(play) 수를 조사하여 어떤 동영상을 많이 보았는지를 분석하는 것은 향후 추가적인 동영상을 제작하는데 도움이 될 수 있다.

⑤ 동영상을 카카오톡(Kakaotalk)을 활용하여 전송할 수도 있는데, 팟인코더(Pot Encoder)를 활용하여 20M 이하로 용량을 줄이면 전송이 가능하다.

참고 동영상을 활용한 상품판매

옥션에 상품을 등록한 후에 홍보 동영상을 만들어서 유튜브에 등록할 수 있으며, 유튜브에서 동영상을 본 고객들이 옥션에 등록되어 있는 상품을 구매하도록 하는 사례는 유튜브(www.youtube.com/watch?v=RLQgiGBjY38)에서 확인할 수 있다.

활용 실무   동영상(UCC)을 활용한 홍보 및 상품판매

① 동영상(UCC)을 등록하여 홍보를 할 수 있는 사이트들을 모두 조사해 보세요. 창업 기업에서 보면, 어떤 사이트에서 동영상(UCC)으로 홍보를 할 수 있는가에 대해 조사를 해 두는 것은 중요할 것이다.
② 유튜브(YouTube)에 등록되어 있는 다양한 동영상(UCC)들을 살펴보면서, 홍보 효과가 있는 동영상(UCC)을 만들기 위해 어떤 준비가 필요한가에 대해 생각해 보세요.
③ 옥션에 등록하여 판매하고 있는 상품들을 동영상(UCC)으로 만들어서 유튜브(YouTube)에 등록한 후에 고객들이 해당 상품을 구매할 수 있도록 구체적인 주소(옥션 내의 상품주문 페이지 주소)를 동영상(UCC)의 설명부분(Comments)에 입력해 보세요.

활용 실무   홍보 동영상 제작 및 등록

① 본인이 제작해 보고 싶은 홍보 동영상을 제작하기 위해 휴대폰으로 영상 5개(1개당 30초–2분 정도) 및 영상별로 사진 3장을 촬영한 후에 메일 혹은 네이버MYBOX에 저장한다.
② 홍보 동영상에 추가해야 하는 포토샵 이미지는 직접 만들어서 사용한다.
③ 직접 만든 홍보 동영상들은 본인이 개설한 3개 사이트(네이버TV, 카카오TV 및 유튜브)에 등록한다.

YouTube 채널 : 맛따라 · 길따라 · 창업

유튜브(YouTube)에 등록되어 있는 제4장의 [동영상 제작 및 활용 실무]와 관련된 강좌는 다음과 같다.

① 무비메이커(Movie Maker)를 활용한 동영상(UCC)만들기
② 홍보동영상(UCC)을 조금 더 잘 만들기
③ HTML, 동영상UCC 및 YouTube의 종합 활용
④ 동영상(UCC)의 제작과 홍보

CHAPTER

5

제휴마케팅
활용 실무

5 제휴마케팅 활용 실무

1. 제휴마케팅의 이해

제휴마케팅(Affiliate marketing)은 웹 비즈니스(상품 판매, 광고) 촉진 기법의 하나로서, 웹 사이트의 운영자(affiliate, publisher)가 그의 노력에 의해 파트너의 웹 사이트에 새로운 방문자, 회원, 고객, 매출을 발생시키면, 그 웹 사이트 운영자는 소정의 보상을 받는 식의 마케팅 기법을 말한다. 특히 여러 다른 분야의 기업과 개인들이 모여 이러한 형태의 인터넷 마케팅을 펼치는 것을 말할 때 제휴 마케팅이라는 단어를 쓰기도 하는데, 제휴 마케팅은 광고주와 광고인이 계약 후 자신의 활동을 통해 상품을 광고하면 성과에 대한 보상을 받는 형식의 마케팅이라고 할 수 있다(포브스, 2023.8.23.).

예를 들어, 카페 운영자(웹 사이트 발행자, affiliate)가 본인의 카페 (cafe)에 옥션(www.auction.co.kr, 파트너의 웹 사이트) 배너를 등록해 놓고 홍보를 하면, 네티즌들이 카페에 등록되어 있는 옥션 배너를 클릭한 후에 옥션에 접속하여 상품을 구입할 수 있다. 이러한 경우에 카페 운영자는 카페에 등록되어 있는 옥션 배너를 클릭한 네티즌들이 구매한 금액의 일부를 보상(커미션)으로 받게 되는 것을 제휴마케팅이라고 한다.

2. 제휴마케팅의 역사

사람들로 하여금 어떤 것을 참조하게 하고 그 유도 행위에 대한 대가로 수수료를 보상 받는다는, 매출 분배의 개념은 제휴 마케팅과 인터넷이 나오기 전에도 있었던 개념이다. 전자 상거래 분야에 있어서 매출 분배 기법이 등장한 것은, 월드 와이드 웹이 등장하고 나서 거의 4년 뒤인, 1994년 11월 시디나우(CDNow)가 바이웹(BuyWeb) 프로그램을 시작한 때로 역사가 거슬러 올라간다.

바이웹 프로그램에서 시디나우(CDNow)는 인터넷 제휴 마케팅 개념을 도입하였다. 시디나우(CDNow)와는 별개의 온라인 상점을 통해 클릭-쓰루(click-through) 구매를 할 수 있게 해 주는 식이었다. 당시, 시디나우(CDNow)는, 어떤 이가 음반을 리뷰하거나 목록을 보여주는 음악 관련 웹 사이트를 제공하면, 그 웹 사이트의 방문자는 링크를 클릭하여 시디나우에서 직접 그 음반을 산다는 식의 아이디어를 갖고 있었다. 이 "원격 구매" 아이디어는 1994년 시디나우와 게펜 레코드(Geffen Records)라는 음반사와의 대화에서 생겨났다.

한편, 아마존은 1996년 7월 제휴 프로그램을 시작하였다. 아마존과의 제휴자가 각각의 서적에 대한 배너나 텍스트 링크를 올려 두거나 아마존 홈페이지로 직접 연결되는 링크를 올려 두는 방법이었다(위키백과, ko.wikipedia.org/wiki).

3. 제휴마케팅 실습

현재 국내 대표적인 제휴마케팅 사이트 중의 하나가 바로 링크프라이스(www.linkprice.co.kr)이며, 링크프라이스를 활용하여 제휴마케팅을 하는 절차는 다음과 같다.

① 회원 가입 후 [머천트]를 클릭한 후에 [전체승인 신청]을 클릭한다.

② [카테고리]에서 [종합쇼핑몰]을 클릭한 후에 옥션 배너를 클릭한다([그림 5-1] 참조).

그림 5-1　제휴마케팅 실습

③ 링크프라이스에 회원가입을 할 때에 등록한 홍보할 사이트(제휴마케팅을 진행할 사이트)에 옥션 이미지를 클릭하면 대표 링크로 링크(link)가 되도록 하는 HTML 명령어를 만들어서 등록한다. 여기에서 옥션 이미지의 주소는 [그림 5-1]의 옥션 이미지 위에서 오른쪽 마우스를 클릭한 후에 [이미지 주소 복사]를 클릭하여 확인할 수 있다.

```
<a href="https://bestmore.net/click.php?m=auction&a=A100642460&l=0000">
<img src="https://img.linkprice.com/files/glink/auction/20150901/
55e4faabc9f4e_120_60.jpg">
</a>
```

위의 HTML 명령어에서 <img src=" ">는 따옴표 안에 있는 이미지를 불러와서 보여주는 것인데, <img src=" ">에서 불러온 이미지를 클릭하면 <a href=" ">의 따옴표 안에 있는 주소로 링크(link)시키게 된다.

④ [머천트]의 [카테고리]에 등록되어 있는 많은 사이트 중에서 본인이 관심이 있거나 커미션(commission)을 많이 받을 수 있는 사이트들을 회원 가입 시에 등록한 본인의 사이트(홍보할 사이트)에 HTML 명령어를 사용하여 등록한 후에 열심히 홍보를 하면 된다([그림 5-2] 참조).

그림 5-2 링크프라이스의 머천트

4. 링크프라이스의 라스트세이브 서비스

링크프라이스의 라스트세이브(www.lastsave.co.kr)는 국내외 300여 개 쇼핑몰의 세일, 기획전, 핫딜 정보를 제공하고, 할인 및 캐시백을 제공하는 서비스이다. 현재에는 오픈마켓, 종합쇼핑몰, 소셜커머스 등 국내 쇼핑몰은 물론 알리익스프레스, 큐텐, 샵밥과 같은 해외 쇼핑몰과 제휴를 맺고 있다.

라스트세이브 이용방법 또한 간단한데, 라스트세이브를 통해 제휴 쇼핑몰을 이용하면 구매금액에 비례해 세이브머니가 적립된다. 적립된 세이브머니는 모바일 쿠폰을 구매하거나 현금으로 찾을 수 있다(디지털타임즈, 2017.4.20).

5. 제휴마케팅 관련 용어

제휴마케팅을 비즈니스에 효과적으로 활용하기 위해서는 아래의 용어들에 대해 충분히 알고 있어야 한다.

(1) CPS(COST PER SALES)

보통 상품을 판매하는 쇼핑몰 및 전자상거래 업체에서 사용하는 방법이다. Affiliate회원(웹사이트를 가진 제휴사)을 통해 상품구매가 이루어지면, 그 상품판매의 대한 수익의 일부를 수수료로 지급한다. 머천트 상품의 마진 및 기타 사항들을 고려하여 수수료 비율을 결정하게 된다.

(2) CPA(Cost Per Action)

인터넷 광고용어로 네티즌이 한번 반응할 때마다 지불해야 하는 광고비용을 말한다. 광고를 본 사용자가 회원으로 등록하거나 소프트웨어를 다운로드 받고 혹은 설문에 응답하거나 이벤트에 참여하는 등

광고주가 원하는 특정 행동을 취할 때 그 횟수에 따라 가격을 책정하는 방식이다.

(3) CPI(Cost Per Install)

광고상품에 해당하는 애플리케이션이 설치된 기기 수에 따라 광고비용을 지불하는 방식이다. 다운로드로 인한 사용자 유입은 물론 인기 순위 상승까지 노려볼 수 있기 때문에 모바일 게임에서 주로 사용된다.

활용 실무   **링크프라이스를 활용한 제휴마케팅 실습**

① 링크프라이스의 회원가입 및 로그인(ac.linkprice.com 혹은 ac.linkprice.net)을 한다.
② 링크프라이스에 회원가입을 할 때에는 [홍보할 사이트 정보]에서 반드시 본인의 사이트명 및 사이트URL을 등록해야 한다. 혹은 링크프라이스에 로그인 후에 왼쪽 상단에 있는 [+]를 클릭한 후에 사이트 추가(Add Site)에서 추가할 수도 있다.
③ [어필리에이트(Affiliate)]-[머천트]-[전체승인신청]을 클릭한 후에 [승인완료]를 확인한다.
④ 커미션을 많이 주는 사이트, 인지도가 높은 사이트 혹은 많은 사람들이 자주 접속하는 사이트들을 본인이 홍보할 사이트에서 제휴마케팅 실습을 할 수 있다(왼쪽에 있는 Category에서 등록되어 있는 사이트들의 분류를 확인 가능).
⑤ 제휴마케팅을 원하는 사이트를 클릭한 후에 [머천트 정보] 및 [홍보자료]를 활용하여 제휴마케팅 사이트를 만들어 본다([그림 5-1] 참조).
⑥ 본인이 생각하고 있는 창업아이템을 활용하여 어떻게 제휴마케팅을 진행할 수 있는가를 생각해 보세요. 또한 유사한 제휴마케팅 사례가 있는지도 조사해 보세요.

YouTube 채널 : 맛따라 · 길따라 · 창업

유튜브(YouTube)에 등록되어 있는 제5장의 [제휴마케팅 활용 실무]와 관련된 강좌는 다음과 같다.

① 제휴마케팅(Affiliate marketing)의 이해와 활용
② 제휴마케팅과 무일푼 창업
③ 제휴마케팅을 활용한 전자상거래

페이스북 개설 및
활용 실무

6 페이스북 개설 및 활용 실무

1. 페이스북의 종류

페이스북은 2004년 2월 4일에 시작된 미국의 대표적인 소셜 미디어라고 할 수 있다(나무위키, namu.wiki). 또한 세상을 연결한다(connecting the whole world)라는 기업 미션으로 출발한 페이스북은 SNS의 리더(leader)라고 할 수 있으며(베타공간, blog.naver.com/edelsoft), 페이스북(facebook)은 아래와 같이 3가지로 구분하여 개설 및 운영할 수 있다.

(1) 페이스북(프로필, 개인계정)

페이스북의 개인 계정인데, 가입하는 방법과 프로필 설정하기(bestarbrand.blog.me/221115087172)에서 페이스북의 가입 및 프로필의 설정에 대해 자세하게 설명하고 있다. 또한 페이스북의 개인계정이 있는 경우에는 페이스북(페이지) 혹은 페이스북(그룹)을 개설할 수 있다.

(2) 페이스북(페이지)

고객들이 페이지를 통해 쉽게 창업자의 비즈니스, 제품 및 서비스에 관해 조금 더 알아보고 또한 문의할 수 있도록 활용할 수 있는 장점이 있다.

(3) 페이스북(그룹)

판매/구매, 친한 친구, 클럽, 이웃, 가족, 스터디 그룹. 여행, 소셜학습 등 다양한 그룹 유형을 설정할 수 있는 특징이 있는데, 페이스북 그룹 중에서 판매/구매 그룹이 가장 활성화가 되고 있는 실정이다.

2. 페이스북을 활용한 인맥형성 및 홍보

페이스북(facebook)을 활용한 3가지 유형의 소셜 네트워크 서비스 (Social Network Service; SNS) 중에서 가장 많이 사용되고 있는 페이스북(프로필, 개인계정)을 활용하여 인맥형성 혹은 홍보를 위한 몇 가지 방법을 소개하면 다음과 같다([그림 6-1] 참조).

① [사진/동영상]을 클릭한 후에 사진뿐만 아니라 홍보하고 싶은 내용에 대한 동영상(UCC)을 제작하여 등록할 수 있는데, 페이스북(프로필, 개인계정)에서 가장 많이 사용하는 기능이라고 할 수 있다.

② [중요 이벤트]-[카테고리 선택]을 클릭하여 다양한 이벤트에 대한 정보를 등록할 수 있다.

③ 페이스북의 경우에는 5천명까지만 연결할 수 있는데, 더 많은 사람들에게 홍보를 하기 위해서는 추가적으로 페이스북 아이디를 개설하거나 페이스북 페이지(facebook page) 등을 개설하여 운영하면 된다.

한편, 페이스북의 개인 계정을 갖고 있는 경우에는 여러 개의 그룹 혹은 페이지를 만들 수 있는데, 페이스북 페이지(facebook page)는 회사, 브랜드 및 단체가 자신들의 소식을 공유하고 사람들과 연결할 수 있는 공간이라고 할 수 있다. 페이스북의 개인 프로필과 마찬가지로 페이지도 소식을 게시하거나 이벤트를 열거나 앱을 추가하는 등 다양한 활동을 통해 자유롭게 활용할 수 있다.

[그림 6-1]은 페이스북에서 개설한 저자의 프로필(개인계정)인데, 이것은 비상업용이며 개별 사용자를 나타낸다. 관심이 있지만 친구를 맺지 않은 사람의 공개 업데이트는 프로필을 팔로우하여 확인할 수 있도록 하고 있다.

하지만, 페이스북 페이지(facebook page)는 개인 프로필과 비슷하지만 비즈니스, 브랜드, 단체를 위한 고유한 도구를 제공하고 있다. 페이지는 개인 프로필(개인계정)을 가진 사람들에 의해 개설 및 관리되며, 페이지의 "좋아요"를 클릭하면 뉴스피드(news feed)에서 업데이트를 볼 수 있다. 즉, 페이스북에 등록하는 사용자는 각자 하나의 계정과 로그인 정보를 가지며, 계정마다 개인 프로필 1개가 포함되며 하나의 계정에서 여러 개의 페이지를 만들고 관리할 수 있다.

한편, [그림 6-1]에서는 개인 프로필에서 2개의 페이지를 만들었다는 것을 보여주고 있으며, [페이지 만들기] 메뉴도 확인할 수 있다.

① 맛따라 길따라
② 뉴비즈니스연구소

그림 6-1   페이스북의 개인 프로필

3. 페이스북 페이지의 개설 및 운영

창업기업에서 홍보 및 고객관리를 위해서는 페이스북(프로필, 개인계정) 혹은 페이스북(그룹)보다는 페이스북 페이지를 개설하여 운영하는 것이 좋은데, 그것은 5,000명 이상의 팔로우를 유지할 수 있기 때문이다(박노성, blog.naver.com/nosung). 한편, 페이스북 페이지는 아래의 주소에서 [페이지 만들기]를 클릭하여 만들면 된다([그림 6-2] 참조).

참고   [홈]-[페이지]-[새 페이지 만들기]

[주소: www.facebook.com/pages/creation/?ref_type=launch_point]

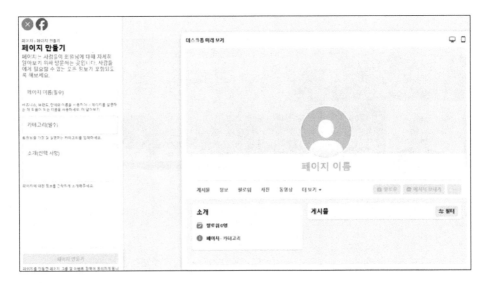

그림 6-2   페이스북 페이지 만들기

(1) 페이스북 계정 만들기

페이스북 페이지를 개설하기 위해서는 먼저 페이스북(프로필, 개인계정)을 만들어야 한다. 페이스북에서 개인계정을 만들기 위해서는 아래의 순서로 진행하면 된다(www.facebook.com/help/188157731232424).

① 페이스북(facebook.com)에 접속하여 새 계정 만들기를 클릭한다.

② 이름, 이메일 또는 휴대폰 번호, 비밀번호, 생일, 성별을 입력한다.

③ 가입하기를 클릭한다.

④ 계정 만들기를 완료하려면 이메일 또는 휴대폰 번호를 확인해야 한다.

(2) 페이스북 페이지 만들기

페이스북(프로필, 개인계정)을 만든 후에 페이스북 페이지를 만들면 되는데, 페이스북 고객센터(www.facebook.com/help)에서 [페이스북 페이지 만들기]를 검색하여 만들면 된다.

① facebook.com/pages/create로 이동한다.

② 페이지 이름과 카테고리를 입력합니다. 페이지 소개도 추가할 수 있다.

③ 페이지 만들기를 클릭한다.

④ 페이지를 꾸미고 싶다면 소개, 프로필 사진 및 커버 사진을 추가할 수 있다.

⑤ 완료를 클릭한다.

한편, 페이스북 페이지는 두 가지의 형태가 있다.

① 비즈니스 또는 브랜드

② 커뮤니티 또는 공인

먼저, 어떤 종류의 페이스북 페이지를 만들 것인가를 선택한 후에 페이지 이름을 입력하고 카테고리를 선택하면 만들어 진다. 아울러, 아래와 같이 몇 가지의 추가적인 설정이 필요하다.

① 프로필 사진 등록

② 커버 사진 등록

③ 페이지 사용자 이름 만들기: 페이스북 페이지에 고유한 사용자 이름이 있으면 사람들이 검색에서 쉽게 찾을 수 있다. 또한 사

용자 이름이 있는 페이지는 맞춤 URL을 만들 수 있어 사람들이 페이지를 빠르게 방문하고 메시지를 보낼 수 있다.

④ 페이지 좋아요 요청하기: 더 많은 사람들이 페이지를 발견할 수 있도록 친구들에게 [좋아요]를 요청할 수 있는데, 친구들이 [좋아요]를 클릭하면 멤버(member, 회원)가 된다.

⑤ 상품판매를 목적으로 하는 동영상(UCC)을 제작한 후에 페이스북 페이지에 등록할 수 있는데, 이때에 동영상(UCC) 내에 상품을 구매할 수 있는 사이트의 구체적인 주소를 포함시키는 것이 상품판매에 많은 도움이 될 수 있다.

활용 실무   페이스북 페이지의 개설 및 운영

① 페이스북 페이지를 개설하기 위해서는 먼저 페이스북(프로필, 개인계정)을 만들어야 하며, 페이스북(프로필, 개인계정)을 만든 후에 페이스북 페이지를 만들면 된다.
② 페이스북 고객센터(www.facebook.com/help)에서 [페이스북 페이지 만들기]를 검색하여 만들면 된다.
③ 소개, 프로필 사진 및 커버 사진을 만들어서 추가한다.

참고   페이스북 그룹 개설

페이스북에서 그룹을 개설하기 위해서는 페이스북(프로필, 개인계정)을 만든 후에 페이스북의 상단에 있는 그룹 이미지(혹은 www.facebook.com/groups)를 클릭한 후에 [그룹]−[+ 새 그룹 만들기]를 클릭하여 [그룹 만들기]에서 그룹을 만들면 된다.

YouTube 채널 : 맛따라 · 길따라 · 창업

유튜브(YouTube)에 등록되어 있는 제6장의 [페이스북 개설 및 활용 실무]와 관련된 강좌는 다음과 같다.

① 페이스북 개인계정, 페이지 및 그룹 운영
② 페이스북을 활용한 홍보, 광고 및 상품판매
③ 기업에서 페이스북의 활용

트위터 운영 및
활용 실무

7 트위터 운영 및 활용 실무

CHAPTER

1. 트위터의 주요 기능

트위터(Twitter, X(엑스))는 블로그의 인터페이스(interface)와 미니홈페이지의 친구 맺기 기능, 메신저 기능을 한데 모아놓은 소셜 네트워크 서비스(Social Network Service: SNS)로서 2006년 7월 서비스를 시작하였다(<네이버 용어사전, terms.naver.com, 그림 7-1> 참조). 2022년 10월에는 일론 머스크가 440억 달러(약 58조5000억원)에 트위터를 인수했으며, 트위터 이름을 X(엑스)로 변경하였다(아시아경제, 2024.03.24.).

한편, 트위터의 주요 기능은 다음과 같으며, 구체적인 사용 방법은 트위터 사용(help.twitter.com/ko/using-twitter)에서 확인할 수 있다.

① 팔로잉(following): 상대방의 동의 없이 내가 원하는 사람들을 친구로 추가하여 그 사람이 등록한 글 혹은 사진들을 볼 수 있다.

② 팔로워(followers): 나의 소식을 전해 듣고자 하는 사람이 나를 친구로 추가하는 것을 말한다.

③ 트윗하기: 140자 이내의 단문과 더불어 사진, 동영상 등을 등록할 수 있다.

④ 리트윗(RT): 트위터의 가장 대표적인 기능이라고 할 수 있으며, 다른 사람이 등록한 글들을 나의 팔로워(followers)들에게 공유하는 기능이다.

그림 7-1   트위터

2. 트위터의 장점

　　트위터란 소셜네트워크 서비스(Social Network Service)로서 온라인으로 인맥을 구축하는 서비스인데, 일반 SNS와는 달리 트위터는 상대방이 허락하지 않아도 일방적으로 상대방의 글을 소식을 받아볼 수 있는 일종의 이웃추가 같은 방식의 팔로워(follower)라는 서비스로 추가할 수 있다. 또한 트위터의 가장 큰 특징은 실시간 대화가 오가기 때문에 누군가의 이야기가 이슈가 된다면 급속히 유포되어 세계적인 이슈가 될 수도 있다는 것이다. 장문 형식인 블로그와는 다르게 트위터는 단문 140자 전용이기 때문에 쉽고, 간편하게 글 등록도 편리 하다는 것이 트위터의 가장 큰 장점이다(blog.naver.com/readpass).

3. 트위터에서 사용하는 용어

트위터를 효과적으로 활용하기 위해서는 먼저 용어들에 대해 제대로 이해를 하고 있어야 하는데, 트위터에서 사용하는 용어는 다음과 같다(blog.naver.com/avivad).

① 팔로잉(Following): 내가 아닌 누군가의 글(트윗)을 구독하는 것을 말한다.

② 팔로워(Followers): 나의 트윗을 구독하는 상대방으로 팔로잉의 반대 개념이다.

③ 맞팔: 서로가 팔로잉 되어 있는 상태를 말하며, 블로그의 서로 이웃 개념과 동일하다.

④ 언팔로우(Unfollow): 트위터에서의 친구 해제를 의미하는데, 상대방의 트윗이 자신이 타임라인에 보이지 않는다.

⑤ 타임라인(Timeline): 팔로잉한 사람의 트윗을 실시간으로 확인할 수 있는 화면을 말한다.

⑥ 트윗(Tweet): 트위터상에서 작성되는 모든 글을 말하며, 트위터에 최대 140자까지 글을 쓸 수 있다.

⑦ 리트윗(Re-tweet): 다른 사람의 트윗을 자신의 계정으로 그대로 다시 트윗하는 것을 말하는데, 자신의 팔로워(Followers)에게 전달할 때 사용한다.

⑧ 멘션(Mention): '@+이름' 형식으로 특정 누군가를 정해서 작성된 트윗입니다.

⑨ DM: direct mail로 1:1 쪽지의 개념이며, 맞팔로잉이 되어 있는 상태에서만 가능하다.

⑩ 해시태그(Hashtag): '#+특정단어' 형식으로 트윗할 때에 해시태그를 사용하면 다른 트위터 사용자가 동일 해시태그를 검색하였을 때 발견할 수 있다. 즉, 검색엔진에 등록되는 개념이다.

4. 마스토돈

트위터(X)와 유사한 SNS로써 마스토돈이 있는데, 마스토돈(www.
mastodon.social)은 컴퓨터공학을 전공한 독일 엔지니어 오이겐 로흐코
(Eugen Rochko)가 2016년 10월에 개발한 유럽에서 큰 인기를 얻고 있
는 소셜네트워크서비스(SNS)라고 할 수 있다. 또한 트위터의 경우에는
140자 제한이 있으나 마스토돈은 500자까지 작성할 수 있다는 장점이
있다([그림 7-2] 참조).

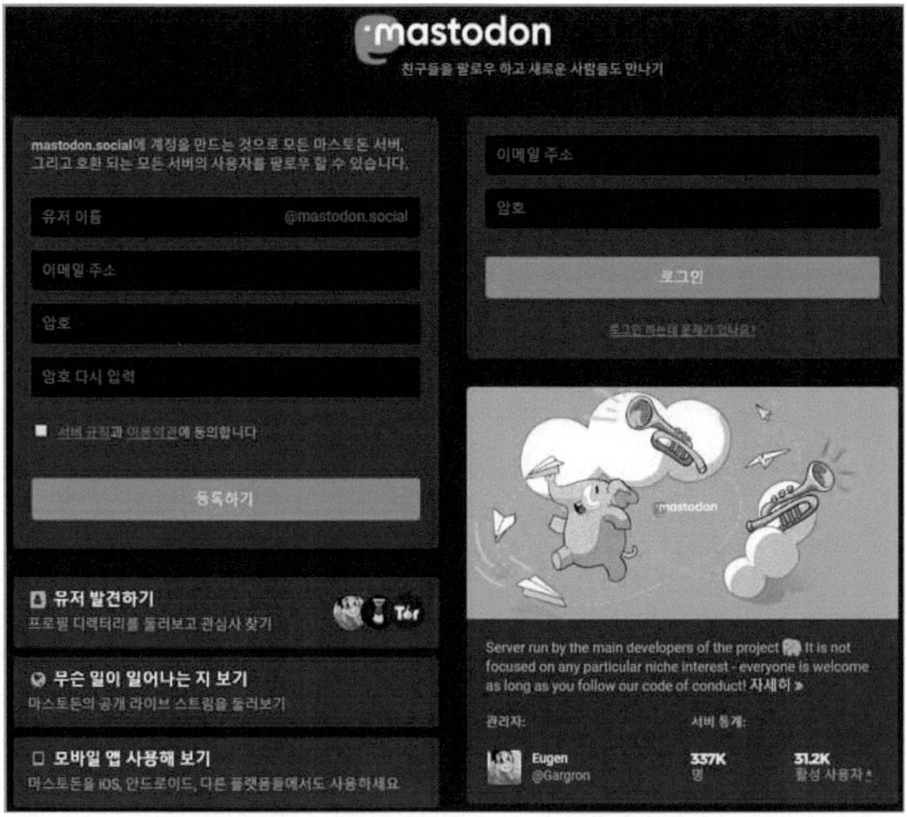

그림 7-2 마스토돈

마스토돈(Mastodon)은 본래 멸종한 코끼리 종류의 포유류를 지칭하며, 트위터처럼 좋아하는 이용자를 폴로(트위터의 팔로우 기능과 유사함)하고 다른 사람의 포스트를 공유할 수 있다. 트위터의 트윗 기능을 마스토돈에서는 툿(toot)한다고 부른다.

참고 트위터의 효과적인 활용

(1) 정봉순의 스마트 라이프(http://jsblab.com/30088404899)에는 트위터의 활용에 필요한 정보가 자세하기 등록되어 있는데, 트위터를 효과적으로 활용하는데 많은 도움이 될 수 있다.

(2) 트위터 고객센터(help.twitter.com)에서는 가입하기와 관련된 다양한 정보를 제공하고 있다(help.twitter.com/ko/using-x/create-x-account).

① Twitter 계정에 가입하는 방법

② Google로 Twitter 계정에 가입하는 방법

③ Apple로 Twitter 계정에 가입하는 방법

④ Twitter 계정을 설정하는 방법

⑤ Twitter에서 공개 대화 참여

⑥ 계정을 만들었습니다. 이제 무엇을 해야 하나요?

활용 실무 **트위터의 개설 및 운영**

① 트위터(Twitter)를 사용하고 있는 국내외의 유명 인사들을 조사해 보고, 트위터(Twitter)에 어떤 콘텐츠를 등록하고 있는가에 대해서도 살펴보세요.

② 트위터(Twitter)에 회원 가입 후에 본인이 관심 있는 20명을 팔로잉(following)하고 아울러 홍보하고 싶거나 판매하고 싶은 상품들을 사진(포토샵 이미지) 혹은 동영상으로 등록해 보세요.

YouTube 채널 : 맛따라 · 길따라 · 창업

유튜브(YouTube)에 등록되어 있는 제7장의 [트위터 운영 및 활용 실무]와 관련된 강좌는 다음과 같다.

① 트위터(twitter)

② 마스토돈(mastodon)의 이해와 활용

오픈마켓 상품판매 및 활용 실무

8

오픈마켓 상품판매 및 활용 실무

　　일반적으로 오픈마켓은 상품을 판매하는 목적으로 활용한다고 생각할 수 있는데, 상품등록 비용이 무료이거나 매우 저렴하기 때문에 기업에서 생산하거나 판매하고 있는 상품들을 홍보하는 목적으로 활용하는 경우가 많은 실정이다. 이에 따라 아래에서 설명하는 오픈마켓에서의 상품판매 및 유의사항 등을 살펴보면서, 홍보를 위한 오픈마켓의 활용에 대해 깊이 고민하는 것은 경영성과의 향상을 위해 매우 중요하다고 할 수 있다. 사실, 저렴한 상품등록 비용을 활용하여 영업사원 여러 명의 역할을 수행할 수 있기 때문이다.

　　한편, 최근에는 중국 이커머스 알리(www.aliexpress.com)에 이어 지난해 7월에는 중국 업체 테무(www.temu.com/kr)가 국내에 진출하여 국내 온라인 시장을 뒤흔드는 상황이다(TV조선, 2024.4.6.). 특히 테무의 경우에는 한국 진출 반년 만에 이용자 수가 830만명으로 국내 전체 오픈마켓 중에서 3위에 올랐다.

1. 오픈마켓의 개념 및 종류

　　오픈마켓(open market)은 누구나 상품을 등록하여 판매할 수 있는 전자상거래 사이트이며, 국내 대표적인 오픈마켓은 다음과 같다.

① 옥션(www.auction.co.kr)

② G마켓(www.gmarket.co.kr)

③ 11번가(www.11st.co.kr)

④ 인터파크(www.interpark.com)

2. 옥션에서의 상품판매

1998년 4월에 국내 최초의 인터넷 경매사이트로 시작한 옥션에서의
상품판매 절차는 다음과 같다.

(1) 판매회원 가입 혹은 전환

옥션에서 상품을 판매하기 위해 제일 먼저 해야 하는 일은 바로 판
매회원으로 가입하거나 전환하는 것이며, [회원가입] 메뉴에 접속하여
진행하면 된다([그림 8-1] 참조).

그림 8-1   옥션 판매회원 가입/전환

(2) 옥션 사이트의 오른쪽 상단에 있는 [판매하기]를 클릭한다.

(3) [내 물품판매]에서 [일반 개인회원]을 클릭한다([그림 8-2] 참조).

일반개인회원과 전문판매자와의 차이점은 아래와 같다. 초보 판매자의 경우에는 일반 개인회원으로 상품판매를 하면서 경험을 쌓은 후에 전문판매자로 등록하여 본격적인 오픈마켓 창업을 하면 된다.

① 일반 개인회원(selling basic): ID당 최대 20개까지 등록 가능하며, 90일간 판매된다. 또한 등록된 상품은 옥션PC중고장터, 옥션중고장터앱을 통하여 판매된다.

② 전문판매자(ESM plus, Ebay Sales Manager plus): 전문적인 판매를 목적으로 수많은 상품을 동시에 등록하고 관리할 수 있다.

그림 8-2   내 물품 판매

(4) [판매물품등록]을 클릭한 후에 아래의 사항들을 입력한 후에 [물품 등록]을 클릭한다.

① 상품등록 카테고리의 선택

② 상품명

③ 가격

④ 사진

⑤ 상품설명: 상품설명은 아래와 같이 두 가지의 방법이 있는데, 일 반적으로는 [HTML로 작성하기]를 가장 많이 사용하고 있다. 즉, 상품 설명을 여러 장의 포토샵 이미지로 만들어서 이미지 호스팅 사이트에 등록한 후에 <img src="이미지 주소"> 명령 어를 사용하여 옥션의 [상품설명] 부분에서 단순히 보여주는 것 을 말한다.

ⓐ HTML로 작성하기

ⓑ 에디터로 작성하기

⑥ 배송방법 & 배송비

참고 상품설명을 위해 사용되는 포토샵 이미지들은 제1장의 [제2절 이미지 호스 팅의 활용]에 안내되어 있는 다양한 이미지 호스팅 사이트들에 등록될 수 있으며, 장기적으로 상업적인 활동을 하는 경우에는 유료 사이트를 활용하는 것이 바람직할 것이다.

(5) 등록물품 및 판매내역 확인

옥션에서 상품을 판매하는 과정에서 수시로 확인해야 할 사항은 바 로 옥션에 등록한 물품 및 판매내역이라고 할 수 있다([그림 8-3] 참조).

그림 8-3 등록물품 및 판매내역

활용 실무

옥션에서 판매해 보고 싶은 상품들을 선정한 후에 직접 상품을 등록하고, 아울러 등록
물품 및 판매내역을 확인해 본다. 아울러, 옥션에서의 상품판매를 결정하였다면, 아래
의 사항들도 깊이 생각해 보는 것이 필요하다.
① 옥션에서 판매되고 있는(혹은 될 수 있는) 상품인가를 고려한다.
② 상품이 판매되기 위해서는 어떤 점을 특히 고려해야 하는가를 깊이 생각한다.
④ 옥션에 등록된 상품이 판매되기 위해 무엇을 해야 하는가를 깊이 생각한다.

활용 실무

옥션 외에도 G마켓(www.gmarket.co.kr), 11번가(www.11st.co.kr), 인터파크(www.interpark.com), 쿠팡(www.coupang.com), 위메프(www.wemakeprice.com), 티몬(www.tmon.co.kr) 등에서도 직접 상품을 등록하고 판매할 수 있다.

3. 오픈마켓 창업의 성공전략

국내 대표적인 오픈마켓인 옥션, G마켓, 11번가 등에는 마치 사막에서 오아시스를 찾으려는 사람들처럼 성공신화를 좇는 예비창업자들이 몰려들고 있다. 그렇지만, 적어도 90% 이상은 한 달 평균 30만원도 벌지 못하고 떠나고 있는데, 그 원인을 잘 살펴보면 상품을 등록하고 판매하는 데에만 신경을 쓴다는 것이다. 이에 따라 오픈마켓 창업에서의 성공전략을 살펴보면 다음과 같다.

① 우수 판매자들의 상품을 많이 구매해 보는 것이 필요하다. 경매에도 참여하면서 구매를 해 봐야 잘 판매하는 방법을 배울 수 있다는 것이다. 특히 우수 판매자들의 물품 상세페이지를 열심히 보면서 포토샵 작업을 어떻게 했는가를 분석해야 한다.

② 판매할 제품을 잘 개발해야 한다. 월별, 계절별로 판매할 다양한 아이템을 개발해야 하는데, 이를 위해서는 국내 및 해외도매사장에 대한 조사를 지속적으로 해야 한다. 초보판매자는 현재 보유하고 있는 상품의 판매에만 신경을 쓰지만, 우수 판매자들은 다음 달 혹은 몇 달 후에 판매할 상품의 개발에 많은 시간을 보낸다는 것이다.

③ 판매할 제품의 조달이 잘 되어야 한다. 안정적인 가격에 지속적으로 조달이 되어야 한다는 것인데, 이를 위해서는 제조 및 도매상인들과의 인맥형성이 잘 되어 있어야 한다.

④ 판매할 제품의 전문가가 되어야 한다. 즉, 자신이 잘 알고 있는 제품을 판매해야 한다. 다른 판매자들이 잘 팔고 있는 상품보다는 창업자가 자신 있는 상품을 개발하여 차별화를 시키는 것이 더 중요하다는 것이다.

⑤ 다른 판매자들을 꾸준히 접촉하고 교류한다. 온라인 및 오프라인에서의 창업카페에 가입하여 모임에 자주 참석하다 보면 좋은 정보를 얻을 수 있고 또한 기존 판매자의 상품도 좋은 조건에 공급받을 수 있다.

⑥ 부담 없이 누구나 구매할 수 있는 아이템을 판매하는 것이 좋은데, 특별한 아이템에는 구매자가 적다는 것을 생각해야 한다. 특히 초보창업자의 경우에는 대중적인 아이템 중에서 가격, 품질 등에서 경쟁력이 있는 제품을 선택하는 것이 필요하다.

⑦ 옥션, G마켓, 11번가 등에서의 상품등록은 무지 쉽다. 포토샵 작업은 어느 정도의 실력이 필요하지만, 돈을 주고 포토샵 작업을 해도 된다는 것이다. 그렇기 때문에 집에 있는 중고상품 혹은 1,000원 상품을 구매한 후에 일단 등록하여 판매를 해 보는 것이 중요하다는 것이다.

📎**참고** 성공창업을 위한 조언

많은 예비창업자들은 너무 따지고 너무 생각하다 보니 결국 아무 것도 해 보지 못하는 경향이 있다. 판매를 하면서 자신의 주력상품을 찾을 수 있으며, 시행착오를 겪어 가면서 판매를 잘 하는 방법, 마진을 많이 남기는 방법 등을 배우게 된다는 것이다. 그렇기 때문에 몇 가지의 상품만 준비가 되면, 다양한 오픈마켓에 직접 등록해 보는 것이 성공창업을 위해 꼭 필요하다.

4. 오픈마켓 창업을 해서는 안 되는 이유 10가지

국내 최고의 전자상거래 사이트라고 하면 바로 옥션, G마켓, 11번
가 등의 오픈마켓이라고 할 수 있다. 하지만, 최근 오픈마켓에 실망한
많은 창업자들은 인터넷쇼핑몰 혹은 점포창업으로 떠나고 있는 실정
이다. 그 이유는 다음과 같이 설명할 수 있다.

① 각종 수수료가 너무 비싸다. 상품등록과 판매를 위한 부가서비
스 이용료, 판매수수료, 배송료, 포장박스 구입비용 등이 너무
비싸다는 것이다. 상품판매로 인한 세금까지 포함할 경우에 매
출액의 약 30% 전후를 부담해야 한다는 것이다. 대부분의 판매
자들이 너무 비싸다고 호소하고 있는 실정이며, 반품 혹은 환불
로 인한 피해 역시 판매자의 몫으로 남게 된다.

② 불법적이고 비윤리적인 상술만 배우게 된다. 오픈마켓에서 매출
을 많이 올리고 있는 판매자들의 상당수가 불법적이고, 비윤리
적인 방법을 사용하고 있다는 것은 널리 알려진 사실이다. 신규
판매자들도 기존 판매자들의 작전(불법적이고 비윤리적인 상행위를
지칭함)을 배우기 위해 열을 올리고 있는 실정인데, 이것은 소비
자를 기만하는 행위라 할 수 있다.

③ 본업으로 할 수는 없다. 과연 오픈마켓 창업을 직장인들처럼
20－30년간 할 수 있는가에 대해서는 대부분의 판매자 역시 의
문을 제기하고 있듯이, 직장생활을 포기하는 대신에 오픈마켓
창업을 본업으로 하기에는 무리가 많다는 것이다. 고정된 수입
이 보장되는 것도 아니고 근무하는 시간이 정해져 있지도 않다
는 것이다. 즉, 투자 대비 수익성이 절대 부족하다.
또한 오픈마켓 창업을 함에 있어서 상품구입에 투자되는 금액은
얼마 되지 않는다고 하더라도 추가적인 시간이 많이 소요된다는
것이다. 상품의 개발, 사진촬영, 상품등록, 판매 후 배송, 환불

등에 많은 시간이 투자된다는 것이다.

④ 오픈마켓이 너무 많아지고 있다. 최근 들어와서 오픈마켓이 우후죽순처럼 늘어나고 있는데, 판매자는 그 만큼 여러 사이트에 상품을 등록해야 하고 신경을 써야 한다. 또한 오픈마켓의 수가 증가하는 만큼 고객이 분산되고 있는데, 투자하는 시간에 비례하여 수익은 그 만큼 적어질 가능성이 높다는 것이다. 물론 여러 개의 오픈마켓을 관리할 수 있는 프로그램들이 있기는 하지만 이 역시 한계가 있는 실정이다.

⑤ 고객의 데이터를 별도로 관리하기가 어렵다. 인터넷쇼핑몰의 경우에는 고객들이 회원가입하거나 상품 구매를 할 때마다 회원에 대한 정보가 데이터베이스에 저장되기 때문에 관리가 편리하고 별도의 마케팅이 가능하지만, 오픈마켓에서는 고객에 대한 데이터베이스의 관리가 매우 어렵다는 것이다. 기존 인터넷쇼핑몰에서 가능한 이메일 마케팅은 물론 목표마케팅이 거의 불가능하다는 문제가 있으며, 소위 말하는 내 회원에 대한 차별적인 마케팅 활동이 매우 힘들다고 할 수 있다.

⑥ 오픈마켓에서는 구매자를 위해 판매자를 희생시킨다. 현재 대부분의 오픈마켓에서는 구매자 중심의 오픈마켓을 운영하고 있어서 판매자는 상대적으로 불리한 조건에서 판매를 하게 된다는 것이다. 판매자와 구매자간에 분쟁이 발생했을 때에 오픈마켓에서는 구매자만을 생각하는 경향이 강하기 때문에 판매자들이 일방적으로 손해를 볼 수 있는 문제가 있다는 것이다.

⑦ 국민에게 해외의 저질 싸구려 상품을 판매한다. 오픈마켓의 가장 심각한 문제점은 해외의 싸구려 제품들이 무차별적으로 수입되어 판매되고 있으며, 국적도 모르면서 제품의 품질 혹은 성능이 제대로 검증되지 않은 불량품들이 판을 치고 있다는 것이다. 이로 인해 국내 중소제조기업의 붕괴를 가져올 수 있다는 것이다.

⑧ 떠날 때에는 빈손이다. 오픈마켓에서 아무리 장기간 판매를 해도 떠날 때에는 아무 것도 가져가지 못한다는 것이다. 고객에 대한 데이터베이스, 판매데이터, 컨텐츠 등 모든 것을 두고 떠나야 한다는 것이다. 물론 수작업으로 일부 자료를 관리할 수는 있지만, 오랜 기간 동안 판매를 하여도 판매자의 것은 아무 것도 없는 빈털터리가 될 수 있다는 것이다.

⑨ 한 푼도 받지 않고 공짜로 일한다. 조금은 비약이 심하다고 할 수 있지만, 오픈마켓 창업자들은 오픈마켓을 위해 수많은 상품 사진, 자료 등 좋은 컨텐츠를 제공하고도 상품판매가 되지 않을 경우에는 한 푼도 받지 못하는 무임금 노동자가 될 수 있다는 것이다. 더구나 최근에 대부분의 오픈마켓이 상품판매 매출이 높은 판매자들에게 절대적으로 유리한 방식으로 운영하기 때문에 판매경험이 부족한 창업자들은 오픈마켓에 상품등록을 통한 컨텐츠를 무상으로 제공하는 무임금 노동자의 신세로 전락할 수 있다는 것이다.

⑩ 비정상적인 생활을 해야 한다. 많은 오픈마켓 창업자들은 밤늦은 시간까지 일을 하게 된다는 것이다. 아울러, 오픈마켓의 특성상 1년 365일 하루 24시간 동안 판매에 신경을 써야 한다는 것인데, 40대 이상의 창업자들에게는 건강에 문제를 일으킬 수 있다. 즉, 생활리듬이 흐트러져서 자칫하면 건강을 해칠 수 있다는 것이다.

위에서 오픈마켓 창업을 하지 말아야 할 10가지 이유를 제시하였는데, 일부 10% 정도의 판매자 외에 대부분의 판매자들은 시간당 1,000원의 수익도 올리지 못하고 있는 상황이라는 것이다. 날로 치열해가는 경쟁 환경과 가격경쟁에 치중하는 레드오션(red ocean)적인 오픈마켓의 판매환경에서 벗어나 자신만의 블로오션(blue ocean)적인 창업시장을 개척하는 것이 절대적으로 필요하다고 할 것이다.

참고 오픈마켓의 판매수수료

오픈마켓 창업자가 간과할 수 없는 것이 바로 판매수수료라고 할 수 있는데, 사이트별로 약간씩 차이가 있으며 이것은 수익성에 영향을 미치게 된다.

판매수수료 비교

오픈마켓	네이버 스토어팜	• 판매수수료 0% • 네이버 연동수수료 2% • 결제수수료 3.74%
	옥션/지마켓	• 판매수수료 13%
	11번가	• 판매수수료 12%
	인터파크	• 판매수수료 8~14%
	쿠팡	• 판매수수료 5~10% • 배송비 수수료 3.3%
쇼핑앱	지그재그	• 판매수수료 0%
	에이블리	• 판매수수료 0% • 결제수수료 3.96%
소셜커머스	위메프	• 판매수수료 14~16%
	티몬	• 판매수수료 14~30%

* 자료원(blog.naver.com/kimyongwen)

참고 성공창업을 위한 조언

위의 내용을 단순히 생각하면, 오픈마켓 창업을 하면 안 되겠구나 하고 생각할 수도 있다. 하지만, 역지사지(易地思之)의 입장에서 생각하고 대응을 잘 하면 오픈마켓은 기회의 땅이라고 할 수 있다. 즉, 문제를 안다는 것은 해결책을 마련할 수 있다는 것이 아니겠는가? 요즈음은 오픈마켓에서만 판매를 하고 있는 창업자들은 많지 많으며, 별도의 인터넷쇼핑몰 혹은 점포창업을 함께 진행하고 있다는 것이다. 즉, 오픈마켓은 주력으로 판매할 수 있는 장터는 아니더라도 자신의 인터넷쇼핑몰과 점포를 홍보할 수 있는 장터는 충분히 될 수 있다는 것이다.

> **참고** 오픈마켓의 판매자 교육센터
>
> 현재 국내의 오픈마켓에서는 상품판매자를 위한 교육사이트 혹은 판매자센터를 아래와 같이 운영하고 있다.
>
> ① G마켓－옥션의 판매자 교육사이트(www.ebayedu.com/mainMenu)
> ② 11번가 판매자센터(seller.11st.co.kr)
> ③ 인터파크 판매자센터(www.interpark.com/communication/SellerCenter.do)
>   －유튜브(https://www.youtube.com/channel/UC2bWvuG7Gi1Kd0IB0Yi93_g)
> ④ 쿠팡 판매자센터(sellers.coupang.com)
> ⑤ 티몬 파트너/판매자 교육센터(tmonspedu.modoo.at)
> ⑥ 위메프 파트너(wpartner.wemakeprice.com)

YouTube 채널 : 맛따라 · 길따라 · 창업

유튜브(YouTube)에 등록되어 있는 제8장의 [오픈마켓 상품판매 및 활용 실무]와 관련된 강좌는 다음과 같다.

① 오픈마켓(옥션)의 이해 및 성공전략
② G마켓의 상품등록 및 판매
③ 옥션 상품등록 및 판매
④ 옥션/G마켓 창업의 매출증대 전략
⑤ 옥션/G마켓창업의 준비
⑥ 옥션/G마켓 창업의 성공전략

CHAPTER

9

홍보 사이트 개설 및 활용 실무

홍보 사이트 개설 및
활용 실무

앞에서 설명한 기업의 지속적인 성장을 위한 비즈니스 지원 사이트
들 외에도 특정 비즈니스의 목적에 적합한 사이트를 개발하여 운영할
수 있을 것이며, 아래와 같은 사이트들이 적극적으로 고려될 수 있을
것이다.

① 전통적인 방식의 홈페이지 개발 및 운영

② 전자상거래 사이트(인터넷쇼핑몰, 경매, 소셜커머스 등)의 개발 및
　운영

③ SNS 혹은 상품판매 목적으로서의 밴드(band)의 개발 및 운영

④ 페이스북(판매/구매 그룹)을 활용한 상품판매

⑤ 오픈마켓에서의 스토어 혹은 미니샵(minishop) 개설

⑥ 상품판매를 지원하는 블로그(blog)의 개발 및 운영

⑦ 홍보 및 전자상거래를 위한 앱(app) 개발 및 운영

⑧ 기타

1. 전통적인 방식의 홈페이지 개발 및 운영 실무

(1) 홈페이지의 개발의 고려사항

인터넷을 기반으로 하는 창업의 경우에 초기 비용의 대부분이 인터
넷 사이트를 개발하는데 소요된다고 할 수 있다. 예비창업자의 관심사
또한 자신의 아이템을 인터넷상에서 사업화 하는데 얼마의 자금이 필

요할 것인가 하는 것이며, 가상공간상의 사업장이라고 할 수 있는 웹사이트로 성공적인 비즈니스를 하기 위해서는 창업자 스스로가 웹사이트를 중심으로 상권을 형성시키고 웹사이트의 가치를 높이는 전략이 필요할 것이다.

인터넷 비즈니스를 위해 최소의 비용으로 최대의 효과를 낼 수 있는 웹사이트를 구축하기 위해서는 컨텐츠(contents), 기술(technology), 그리고 디자인(design)의 3가지 요소를 효과적으로 활용해야 한다. 또한, 웹사이트를 제작하는 과정은 여러 단계로 세분하여 진행하는 것이 필요하며, 각 단계별로 여러 가지 요소들을 고려하는 것이 필요할 것이다. 이에 따라 먼저 사이버 비즈니스의 중심인 웹사이트의 제작시에 고려해야 할 사항들을 살펴보면 다음과 같다.

첫 번째는 웹사이트를 기획하는 단계이다. 창업아이템을 선정한 후에 시장조사를 거치고 나면 개발 전략을 수립하는 기획에 들어가는데, 이때 개발인력, 일정, 예산 등을 결정하여 사업의 목적이 웹사이트에 적절히 반영되도록 하는 것이 중요하다. 예를 들어, 인력으로는 웹마스터와 웹디자이너, 프로그래머 등이 필요하고, 전문인력 확보가 어려울 경우에는 부분적인 아웃소싱도 고려해야 한다. 또한 예산의 분배도 적절해야 하는데 브로우셔(brochure) 형태의 홍보를 목적으로 웹사이트를 만들 경우에는 회사의 이미지를 부각시키는데 중점을 두어야 하고, 인터넷쇼핑몰처럼 24시간 결재가 필요한 사이트의 경우에는 구현 가능한 기술적 요소와 컨텐츠에 중점을 두어야 한다.

둘째는 설계 단계이다. 설계시에는 무엇보다도 사용자의 환경을 고려한 디자인과 실현 가능한 프로그램의 개발, 그리고 다양한 컨텐츠를 준비해야 한다. 웹사이트가 정보제공을 주목적으로 한다면 컨텐츠를 중요시하는 네티즌들의 수요에 따른 검색 기능이 필수 요소일 것이다. 웹사이트는 많은 비용을 투입하였다고 해서 좋은 사이트가 되는 것은 아니다. 지나치게 기술 구현이나 디자인만을 강조하는 것은 오히려 사용자에게 불편을 주거나 불만을 살 수 있다는 것도 명심해야 할 것이다. 따라서 웹사이트의 접속 속도와 사용자 이동 경로를 고려하여 간편하게 개발하는 것이 중요할 것이다.

셋째는 구현 및 운영단계이다. 최근 인터넷의 폭발적인 성장세로 인해서 인터넷 인구 역시 폭발적으로 늘어나고 있고, 매주 3,000개의 웹사이트가 새롭게 개설되고 있다. 이에 따라 상업적 목적의 사이트일수록 웹상에서 수익과 성장의 모델이 보여져야 한다. 또한 웹사이트를 개설한 후에 관리적 측면 또한 간과할 수 없는데, 정보수집과 제공을 위한 새로운 정보, 질문과 응답 게시판과 방문자를 위한 사이트 맵(site map), 신뢰성 확보를 위한 회사 소개와 보안운영방침 등도 웹사이트의 구현시 포함되어야 필수 요소라고 할 수 있다.

이제 인터넷을 기반으로 하는 비즈니스는 하루가 다르게 성장하고 있으며, 웹사이트를 어떻게 개발하고 활용하는가에 따라 비즈니스의 성패가 좌우될 것이다. 따라서 인터넷 전문업체에 웹사이트의 개발을 의뢰한 경우라고 할지라도 개발의 전과정에 자사의 전문인력들이 함께 참여하는 것이 필요할 것이고, 경쟁회사의 웹사이트 분석과 성공한 웹사이트를 벤치마킹(benchmarking)하는 등의 노력도 수반되어야 할 것이다. 그렇기 때문에 경쟁관계에 있는 웹사이트를 자주 방문하고 분석하고 어떻게 차별화를 할 것인가를 생각하는 것이 매우 중요하다고 할 수 있다.

웹사이트의 개발과 관련하여 한 가지 더 심각하게 고민할 것이 있다면 누구를 타겟(target)으로 할 것인가 하는 것이다. 아무리 온라인상에서 하는 창업이라고 하더라도 전 세계 혹은 전체 국민을 대상으로 하는 창업은 불가능하다는 것이다. 그렇기 때문에 위에서 언급한 컨텐츠, 기술, 그리고 디자인의 3가지 요소 역시 목표고객이 누구이냐에 따라서 달라진다는 것이다. 예를 들어, 20~30대 젊은 여성을 타겟으로 하는 홈페이지는 40대 남성을 타겟으로 하는 홈페이지와는 컨텐츠, 기술, 그리고 디자인의 3가지 요소에서 당연히 차별되어야 할 것이다.

(2) 인터넷 홈페이지의 개발과 운영에 따른 비용

요즈음 인터넷이 다양하게 활용되면서 개인이나 기업에서도 홍보혹은 사이버 비즈니스의 목적으로 인터넷 홈페이지를 개발하여 운영하고 있는 실정이다. 하지만, 아직도 많은 사람들이 궁금해 하는 것중의 하나는 인터넷 홈페이지를 개발하고 운영하기 위하여 얼마의 비용이 들어가는가 하는 것이다. 인터넷 홈페이지의 개발과 운영에 따른비용을 살펴보면 대체적으로 다음과 같다.

첫째, 인터넷 홈페이지의 개발비용이 있는데, 홈페이지 제작 전문업체에 의뢰하는 경우에 적게는 200~300만원에서 수 천만원까지의 비용이 소요될 수 있다. 물론 50만원 정도로도 홈페이지를 개발해 주는업체도 있으나, 개발비용은 홈페이지의 기능에 따라 천차만별이라고할 수 있다. 예를 들어, 검색기능, 데이터베이스 기능, 인트라넷 기능등이 필요하다면 단순한 홍보용 홈페이지에 비하여 2~3배 정도의 개발비용이 소요될 것이다. 비록 자신이 전문가의 실력을 갖추고 있다고하더라도 홈페이지는 외부 전문업체에 의뢰하여 개발하고, 그 시간에웹사이트를 이용한 마케팅전략의 기획에 매달리는 것이 훨씬 좋다는것이다.

둘째, 도메인 구입비용이 있는데, 이것은 인터넷상의 기업주소라고할 수 있다. 회사의 홈페이지를 개발하기 위해서는 한국의 한국인터넷정보센터(www.nic.or.kr) 혹은 미국의 인터닉(www.internic.net) 등에서도메인을 구입하면 된다. 그런데, 요즈음은 한국의 여러 회사에서도국내 혹은 국제 도메인을 쉽게 구입할 수 있다. 도메인을 구입할 때에꼭 명심해야 할 것이 있다면 반드시 본인의 이름, 주소 및 전자우편주소를 이용하여 구입해야 한다는 것이며, 가능하면 같은 회사(예: 아이네임즈, www.inames.co.kr)에서 도메인을 구입해야 관리하기가 편리하다는 것이다. 도메인을 구입할 때에 한 가지 고려해야 할 점은 도메인이 바로 자사의 브랜드(brand)라는 것을 생각해야 한다. 그렇기 때문에 상호, 브랜드, 도메인을 함께 고려하는 것이 필요하다.

셋째, 홈페이지의 개발과 운영에 필요한 하드웨어 및 소프트웨어 비용이 있는데, 예를 들어, 각종 이미지를 만들기 위해서는 포토샵 (photoshop)이라는 소프트웨어가 필요하고, 스캐너와 디지털 카메라 등의 하드웨어 장비들도 구입해야 한다. 이러한 하드웨어와 소프트웨어 비용은 대략 100만원 정도가 필요하다. 포토샵은 인터넷쇼핑몰 혹은 오픈마켓 창업을 할 때에 상품사진을 깔끔하게 만들 때에 필요한 소프트웨어이기 때문에 반드시 사용방법을 익혀두는 것이 좋다.

넷째, 홈페이지를 운영하기 위해서는 웹 서버와 전용회선도 필요한데, 웹 서버를 구입하기 위해서는 최소한 500만원 이상이 필요하다. 인터넷 전용선도 속도에 따라 가격이 다르지만, 한국통신에서 판매하고 있는 전용회선의 경우에는 매월 100만원 이상의 비용을 지불해야 한다. 하지만, 인터넷 전문업체가 보유하고 있는 웹 서버를 임대하여 사용하는 경우에는 웹 서버와 전용회선 비용이 들지 않으며, 하드디스크의 용량에 따라 매월 1~5만원 정도로 홈페이지를 운영할 수 있다. 사실, 창업초기에는 회원이나 접속이 많지 않기 때문에 매월 일정금액의 호스팅 비용을 지불하고 서버를 임대하여 사용하는 것이 좋다.

끝으로, 정보관리 혹은 업데이트(update) 비용이 있는데 이것은 홈페이지에 새로운 정보를 추가하는 비용을 말한다. 홍보와 판매를 위한 홈페이지라면 새로운 상품정보 혹은 고객들이 필요로 하는 정보를 자주 변경해 주어야 하는데, 인터넷 전문업체에 완전히 의뢰하는 경우에는 정보의 양에 따라 다소 차이는 있지만 매월 5~10만원 정도의 비용을 지불해야 한다. 하지만, HTML과 포토샵에 대해 조금만 공부해 두면 본인이 직접 관리할 수 있다.

또한, 아직도 많은 사람들은 인터넷 홈페이지를 일단 만들면 된다는 생각만 하는 경우가 많다. 인터넷 홈페이지로 회사에 대하여 홍보를 하고, 상품을 판매하기 위해서는 새로운 정보를 계속하여 제공하고, 고객들과 인터넷상에서 커뮤니케이션을 해야 한다는 것을 잊어서는 안될 것이다.

지금까지 언급한 비용들을 종합해 보면 한 회사에서 인터넷 홈페이지를 개발하고 운영하기 위해서는 약 400~500만원 정도의 초기비용과 매달 5~10만원 정도의 비용이 소요된다는 것을 알 수 있다. 이러한 비용 못지 않게 또 필요한 것은 경영자에서부터 인터넷을 활용해야 한다는 확고한 믿음이 필요하며, 인터넷 시대에 맞는 사고와 행동이 전사적으로 필요하다는 사실이다.

사실, 창업기업의 홈페이지는 대표자가 얼마나 자주 이용하느냐 혹은 대표자가 얼마나 자주 정보를 올리느냐에 따라 운영의 성패가 좌우된다고 해도 과언이 아닐 것이다. 그런데 많은 창업기업을 보면, 바쁘다는 핑계로 대표자는 홈페이지를 거의 사용하지 않는다는 것이며 심지어 대표자가 올려야 하는 답변까지도 직원들에게 미룬다는 것이다. 그러다 보면 한번 접속한 고객은 다시 방문하지 않는다는 것이다.

(3) 인터넷 홈페이지의 개발절차

최근 인터넷이 상업적으로 활용되면서 인터넷을 이용하여 기업체와 상품을 홍보하고 판매하려는 기업들이 점차 많아지고 있다. 하지만, 아직도 인터넷 홈페이지를 어떻게 개발하고 운영하는가에 대하여 잘 모르는 사람들이 매우 많다. 또한 인터넷 홈페이지의 개발이 매우 어렵고 힘들다고 생각하여 인터넷의 홈페이지의 운영을 기피하는 기업체도 많다. 하지만, 인터넷 홈페이지는 2~3개월만 배우면 누구나 큰 부담 없이 초보적인 수준의 웹사이트는 직접 만들어서 사용할 수 있는 것이 사실이고, 아무리 전문업체가 개발해 준다고 하더라도 최소한의 관리를 할 수 있는 능력은 갖추어야 한다는 것이다.

첫째, 먼저 인터넷 홈페이지를 개발하려면 편집기인 에디터가 있어야 하는데, 요즈음은 웹에디터(예: EditPlus), 나모웹에디터 등이 많이 활용되고 있으며, 윈도우에서 기본적으로 제공되는 메모장을 이용해도 된다. 웹에디터와 나모웹에디터는 인터넷에서 무료로 다운받아서 사용하면 된다. 초보자의 경우에는 에디트플러스(EditPlus)를 다운 받아서 사용하면 된다.

둘째, 어떤 개발 툴(tool)을 사용할 것인가를 결정해야 하는데, 초보자의 경우에는 HTML과 그래픽 툴인 포토샵 혹은 페이트샵을 사용하면 된다. HTML의 경우에는 사용법을 익히는데 약 2~3주가 소요되며, 포토샵 혹은 페인트샵은 약 3~4주가 소요되어 총 1~2개월만 배우면 인터넷 홈페이지를 만들 수 있다.

셋째, 인터넷 홈페이지에 상품의 사진을 올리고자 하는 경우에는 사진을 스캐너라는 장비를 이용하여 이미지 파일로 변경해야 하는데, 스캐너는 약 30만원에 구입하거나 복사실, 컴퓨터 판매점 등에서 일정한 비용을 지불하고 사용할 수 있다. 요즈음은 스캐너는 별로 사용하지 않고, 디지털카메라를 이용하여 촬영하면 된다.

넷째, 인터넷 홈페이지에 접속하는 사람의 숫자를 알아볼 수 있는 카운터를 달아야 하는데, 카운터를 무료로 제공하는 인터넷 사이트들이 많다. 인터넷으로 상거래를 하고자 하는 경우에 홈페이지에 접속하는 수를 늘리는 것은 매우 중요하며, 접속자의 숫자가 많다는 것은 그만큼 상품의 홍보가 잘 되고 있으며, 향후 판매의 증대를 기대할 수 있다. 요즈음은 카운터를 설치하는 대신에 웹사이트 순위를 매겨주는 사이트에 등록을 해 두면 된다. 예를 들어, 랭키닷컴(www.rankey.com)에 등록해 두면 경쟁 웹사이트와 비교해서 자사 웹사이트의 순위 및 방문객의 수를 자동적으로 알 수 있다.

다섯째, 새로운 정보를 제공하는 게시판, 방문자가 글을 남길 수 있는 방명록, 좋은 자료를 공유할 수 있는 자료실, 그리고 새로운 소식을 알려주는 새소식 등과 같은 기능들도 홈페이지를 개발함에 있어서 반드시 포함되어야 할 기능이다. 하지만, 이러한 것들을 개발하기 위해서는 상당한 기술과 전문적인 지식을 필요로 하며, 무료로 제공하는 인터넷 사이트들이 많이 있다.

여섯째, 지금까지의 과정을 거쳐서 개발한 인터넷 홈페이지를 웹 서버에 설치하여 운영해야 하는데, 초기단계에서는 매월 1~5만원 정도를 주고 웹 서버를 빌릴 수 있는 웹 호스팅 서비스를 받는 것이 좋다고 생각한다. 웹 호스팅 서비스를 받는 경우에는 앞에서 언급한 카운터, 게시판, 방명록, 자료실, 새소식 등을 전부 무료로 제공받을 수 있다.

일곱째, 가입한 회원들에게 정기적인 정보를 발송하기 위해서는 메일링 솔루션이 있어야 한다. 회원관리도 하고 정기적인 메일도 발송할 수 있는 기능이 필요한데, 전문업체에 의뢰하여 개발을 하는 것이 좋을 것 같다. 요즈음은 전체 회원들을 대상으로 하는 무작위 메일 발송보다는 특정 고객에 대한 맞춤 관리 및 메일링을 위해 CRM(customer relationship management) 솔루션을 사용한다.

끝으로, 인터넷 홈페이지는 주기적으로 정보를 변경해 주고, 새로운 정보를 지속적으로 제공해 주는 것이 필요한데, 이러한 경우에 새로 개발한 홈페이지의 내용을 FTP(File Transfer Protocol)라는 소프트웨어를 이용하여 전송해야 한다. FTP 프로그램 역시 인터넷에서 무료로 다운 받아서 사용하면 된다.

지금까지 설명한 절차를 따라서 하면 기업체, 단체, 개인 등이 필요로 하는 인터넷 홈페이지를 개발하여 운영할 수 있다. 얼마 전 보도에서는 5년 이내에 인터넷을 이용하지 않은 기업의 50% 정도가 문을 닫을 것이라고 한다. 이것은 향후 인터넷이 기업의 활동에 얼마나 중요하게 활용될 것인가를 잘 말해주고 있다.

(4) 웹사이트 이름 10가지 원칙

전통적인 방식의 홈페이지 개발 및 운영하기 위해서 반드시 필요한 것이 바로 웹사이트 이름(도메인 이름, domain name)인데, 이에 대해 박영만(2003.10)은 성공적인 웹사이트 '이름'을 위한 10가지 원칙을 다음과 같이 제시하고 있다.

① 고유명사로 하면 좋다(고유명사처럼 만들고 조합해도 좋다).

② 가능한 한 짧게 한다.

③ 단순해야 한다(적은 수의 알파벳으로 구성).

④ 해당 분야를 암시하면 더 좋다.

⑤ 독특해야 한다.

⑥ 운율이 있어야 한다(브랜드는 소리로 기억된다).

⑦ 말하기 쉬워야 한다(입에서 입으로 전달하기 쉬워야 한다).

⑧ 충격적이어야 한다.

⑨ 먼 미래에도 통할 수 있어야 한다.

⑩ 사람과 관련이 있으면 더욱 좋다.

요즈음은 웹사이트의 이름 즉 도메인네임(domain name)을 선정할 때에는 영어 도메인과 한글 도메인을 함께 사용하는 경우도 많은데, 사실 인터넷이 국제적인 네트워크(internal network)라는 것을 감안하여 굳이 한글 도메인을 사용할 필요가 있는가 하는 문제가 제기될 수 있다. 저자의 경우에는 한글 도메인에 대해 부정적인 시각을 갖고 있다. 그 이유 중의 하나가 한국 사람만을 위해서 홈페이지를 만들고 운영하는 것은 아니기 때문이다.

2. 홈페이지의 활용과 성공전략 실무

김동희 및 홍성근(2003)는 홈페이지의 활용과 성공전략에 도움이 되는 중요한 요소로서 배너광고, 커뮤니티 구축, 상위등록을 위한 전략 및 로그분석에 대해 다음과 같이 조언하고 있다.

(1) 배너광고

웹사이트를 개발하게 되면 배너광고를 유치하여 게재하게 된다. 광고주의 입장에서 보면 네티즌들이 많이 클릭하여 광고주의 사이트에 많이 방문해야 한다는 것이다. 그러한 측면에서 홈페이지의 배너광고를 효과적으로 운영하는 방법을 살펴보면 다음과 같다.

① 적절한 시간에 교체해야 한다. 고객이 두 번 이상 보는 중복된 느낌의 배너는 클릭 할 확률이 낮다. 배너의 클릭률을 조사하면서 클릭률이 낮아지면 새로운 배너로 교체해야 한다.

② 게재 위치가 중요하다. 페이지의 상단에 위치할수록 효과가 높으며 페이지 내의 주요컨텐츠 주변에 있을수록 효과가 높아진다.

③ 애니메이션을 사용하면 클릭률을 높을 수 있다. 정적인 배너보다 활동적인 애니메이션 배너를 사용하면 효과가 좋아진다.

④ 간결한 메시지를 사용해야 한다. 배너 내에 삽입되는 문구는 짧고 간단하게 구성하되 현재 유행하고 있는 문구를 사용하면 더욱 효과적이다.

⑤ 배너광고 같지 않게 구성하면 효과적이다. 상투적인 배너광고보다는 마치 웹 페이지 내의 컨텐츠처럼 보여지는 배너는 효과가 높다.

사실, 웹사이트에 접속하는 사람들이 많아질수록 배너광고의 단가는 높아지는데, 포털사이트가 아니라면 전문사이트를 운영하는 것이 유리할 것이다. 전문사이트에는 그 분야에 관심이 있는 네티즌들의 접속이 많고 컨텐츠가 좋을 경우에 충성도가 높다는 장점이 있다.

(2) 커뮤니티 구축

창업기업의 홈페이지가 개별 사이트로서가 아니라 하나의 커뮤니티 사이트로서 구축되어 활용될 수 있다. 요즈음은 게시판 중심의 홈페이지보다는 블로그, 카페 등 커뮤니티 기능을 갖춘 웹사이트에 네티즌들이 많이 방문하는 실정이다. 이에 따라 커뮤니티로 발전하기 위해서는 다음과 같은 사항들을 충분히 고려해야 한다.

① 커뮤니티에서 다루고자 하는 주제에 따라 성패가 좌우된다.

② 관리자는 해당 분야의 전문가 또는 매니아여야 한다.

③ 관리자는 하루 종일 PC에 앉아서 게시물을 읽거나 쓰는 것이 즐거워야 한다.

④ 관리자는 인터넷 휴머니티가 무엇인지 알고 있어야 한다.

⑤ 관리자는 사람들을 방문하게 하는 힘이 무엇인지 알고 있어야 하고 그것을 던질 줄 알아야 한다.

⑥ 관리자는 커뮤니티 사이트로 돈을 벌려는 모습을 절대 보이지 않아야 한다. 수익사업을 할 때에는 반드시 회원에게 명분을 인정받아야 한다.

⑦ 관리자는 커뮤니티 사이트를 구성하는 데에 기술적인 요소만을 너무 강조하면 안 된다. 훌륭한 디자인과 편리한 프로그램에 집중하는 커뮤니티는 오히려 성공한 경우가 적다

⑧ 회원은 그들의 지식이나 소유물을 자랑하고 싶어하고 반대로 남의 것은 시기와 질투가 아닌 부러움의 대상이어야 한다.

⑨ 회원의 최소 10%는 광적으로 커뮤니티에 상주해야 한다.

⑩ 회원의 최소 10%는 이 분야의 최고 전문가여야 한다.

예를 들어, 한국투잡스연합회(www.twojobs.org)는 블로그와 카페 기능, 창업전문 검색엔진까지 갖춘 커뮤니티 사이트로 출발하였다. 하지만, 관리의 소홀로 인해 충성도 높은 회원들이 별로 없기 때문에 사이트가 활성화되지 못하고 있는 실정이다.

(3) 홈페이지의 상위등록을 위한 노하우 습득

홈페이지를 개발 한 후에 네이버(www.naver.com/), 다음(www.daum.net), 네이트(www.nate.com), 구글(www.google.co.kr) 등과 같은 검색엔진에 등록하게 되는데, 네티즌들이 검색을 했을 때에 창업기업의 홈페이지가 상위로 등록이 가능하도록 하는 다양한 방법에 대한 노하우를 습득하는 것이 필요하다.

(4) 로그분석

로그분석(log analysis)이란 웹사이트 방문자의 분석을 통하여 방문자수와 페이지 뷰, 쿠키 값 분석 등을 통한 방문자 정보 분석 등을 통하여 사이트의 현재 상황을 면밀히 분석하는 것을 뜻한다. 로그분석의 결과로 어떤 검색엔진에서 어떤 키워드로 고객이 방문하고 있는지를 보여준다. 또한 로그분석을 통하여 현재의 상황을 점검하고 개선방향을 찾아 낼 수 있다.

한편, 로그분석은 기본적으로 프로그래머가 직접 기능을 넣을 수도 있고, 솔루션을 이용하는 경우 솔루션에서 자체적으로 제공하기도 한다. 그러나 에이스카운터(www.acecounter.com)와 같은 전문서비스가 아닌 대부분의 자체 로그분석은 '방문객이 내 사이트의 어디를 어떻게 활용하고 있는가?'를 파악하는 데 있어 한계를 보이고 있다. 그렇기 때문에, 자체적으로 로그분석 기능이 있음에도 불구하고 전문서비스를 사용하는 경우가 많은데, 예를 들어 에이스카운터와 같은 전문서비스에서는 주로 다음과 같은 통계를 제공하고 있다(네이버 지식iN, kin.naver.com).

① 방문자 수 분석: 얼마나 많은 사람들이 사이트를 방문하고 있는가를 보는 것은 기본적인 사항일 것이다. 그런데, 단지 이것만 필요하다면 자체 로그분석 기능을 사용해도 되고, 웹상에서 무료로 제공하고 있는 카운터를 사용해도 된다. 또는 프로그래머가 직접 넣을 수도 있다.

② 방문자 유입 경로 분석: 이 기능은 사이트를 방문한 고객이 어디에서부터 오게 되었는지를 파악하는 것이다. 이 기능은 매우 중요한 필수 분석 요소임에도 불구하고, 이 정도도 구현해 놓지 않은 곳도 의외로 많다. 지금 당장 본인이 운영하고 있는 웹사이트에 대한 로그분석을 살펴볼 필요가 있다. 이 기능이 있는지, 만약에 없다면 심각하게 전문서비스 사용을 심각하게 고려하는

것이 좋을 것이다.

방문자 유입 경로 분석을 통해서 마케팅에 대한 효과를 점칠 수 있다. 어느 곳에 마케팅을 했는데, 거기서 방문객이 들어오지 않고 있다면 다음부터는 거기서 하지 말든지, 아니면 그곳에서 효과가 잘 일어날 수 있도록 해당 매체사와 조율을 하는 노력이 필요할 것이다.

검색엔진 유입률 분석이라는 것도 바로 이러한 기능과 직접적인 연관이 있다. 평균적으로 네이버가 40%, 야후와 다음이 각각 20%의 유입률을 보이고 있다면, 사업자의 사이트에서도 역시 검색엔진을 통한 방문객의 비중이 그와 같은 양상을 띠어야 할 것이다. 만약 그렇지 못하다면 해당 검색엔진에서의 마케팅 비중을 늘려야 할 것이다.

③ 방문자 시스템 환경 분석: 방문객이 모뎀을 쓰는지 초고속 인터넷을 사용하는지, 모니터 해상도는 얼마나 되며 윈도우 버전은 어떤 것을 사용하는지 등 사용자의 시스템 환경에 대해 분석해 준다. 이 기능은 일반적인 로그분석에서는 보기 힘든 기능인데, 사용자의 시스템 환경에 맞게 사이트를 꾸며야 고객에게 최적화된 환경을 제공하는 것이므로 이 역시 꼭 필요한 기능이라고 할 수 있다.

하지만, 한국과 같이 인터넷 인프라가 잘 구축되어 있는 곳에서는 사용자 모두 거의 비슷한 환경이기 때문에 뉴스 같은 곳에서 제공하는 통계치와 별 다를 바가 없어 그다지 필요한 기능은 아니라고 판단된다.

④ 방문자 이동 경로 분석: 방문자가 사이트에 들어와서 주로 어떤 경로로 이동하는지, 어떤 메뉴나 페이지를 즐겨 찾는지를 파악하는 것은 사이트를 설계하고 리뉴얼하는 데 있어 매우 중요한 기능일 것이다. 특히, 방문자가 어디에서 사이트를 종료했는지를 보는 것도 매우 중요하다. 만약 메인페이지에서 종료했다고 하

면 사이트를 자세히 들여다 볼 것도 없다는 판단일 것이다. 또한 결제 페이지에서 종료하는 비중이 높다고 하면 결제페이지를 좀 더 보강해야 하거나 또는 결제페이지에서 에러가 있을 수도 있으니 점검이 필요할 것이다. 이 기능은 전문 서비스 외의 일반적인 로그분석에서는 잘 제공되지 않는 정보이다.

⑤ 회원가입 또는 구매자 분석: A사이트에서 10만원의 비용을 들여서 100명의 방문객을 유입하였고, B사이트에서 10만원의 비용을 들여서 100명의 방문객을 유입하였다고 가정해 본다. 하지만, 이 두 사이트에서의 마케팅 효과는 같다고 할 수는 없다. 설사 같은 사이트, 같은 페이지라고 하더라도 광고 위치에 따라서도 큰 차이를 보일 수 있다. 일반적으로 광고 효과는 얼마의 비용을 들여서 내 사이트로 얼마나 들어왔는지를 기준으로 파악을 하게 된다. 그러나 위에서 언급한 것처럼 이것만으로 그 효과를 파악하는 것은 매우 부정확하다.

정확한 분석은 10만원의 비용을 들여서 100명이 방문을 했는데, 이 중에서 '몇 명이 얼마만큼 구매를 했느냐?'하는 것까지 곁들여져야 할 것이다. 그러나 대개의 경우 이런 기능은 전혀 제공되지도 않을 뿐더러, 제공하는 곳조차도 모두 한계를 지니고 있다.

3. 외부 사이트들을 연동시킨 홈페이지의 개발 및 운영 실무

전통적인 방식의 홈페이지 개발은 하나의 서버 내에 모든 콘텐트가 저장되어 있게 되는데, [그림 9-1]과 같이 사람들이 많이 접속하고 활용하는 사이트들을 융합적으로 활용하는 홈페이지의 개발도 생각할 수 있다. 이것은 분명 전통적인 방식에 비하여 많은 장점들이 있다고 사료된다.

① 여러 사이트에 기업의 다양한 콘텐츠가 등록되게 되는데, 이것은 기업관련 정보들의 노출 빈도를 향상시킬 수가 있어서 기업에 대한 홍보 효과가 상당히 좋을 수가 있다.

② 인지도가 높은 외부 사이트들의 기능들을 무료로 활용할 수 있다는 장점이 있으며, 홈페이지의 유지보수에 소요되는 시간과 경비를 대폭 절감시킬 수 있다.

③ 컴퓨터 및 인터넷 기술의 변화에 따라 신속하게 새로운 기술을 접목시킨 홈페이지의 개발 및 운영이 가능하다.

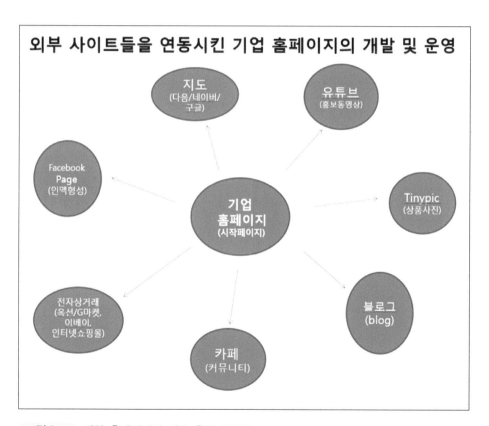

그림 9-1   기업 홈페이지의 개발 운영 구조도

한편, [그림 9-1]에 있는 다양한 웹사이트들에 대해 살펴보면 다음과 같다.

① facebook Page: 페이스북 페이지(facebook page)는 회사, 브랜드 및 단체가 자신들의 소식을 공유하고 사람들과 연결할 수 있는 공간이라고 할 수 있다. 개인 프로필과 마찬가지로 페이지도 소식을 게시하거나 이벤트를 열거나 앱을 추가하는 등 다양한 활동을 통해 자유롭게 활용할 수 있다. 또한, 페이스북에 등록하는 사용자는 각자 하나의 계정과 로그인 정보를 가지며, 계정마다 개인 프로필 1개가 포함되며 하나의 계정에서 여러 페이지를 만들고 관리할 수 있다.

② 전자상거래: 기업에서 생산된 제품을 판매하기 위해서 옥션, G마켓 혹은 이베이(eBay) 등과 같은 전자상거래 사이트를 활용할 수 있다. 또한 옥션과 이베이에서는 스토어(store) 그리고 G마켓에서는 미니샵을 개설할 수 있는데, 이것들은 판매자의 개인매장이다.

③ 카페: 카페(cafe)는 다음(Daum)과 네이버(Naver)에서 무료로 개설할 수 있으며, 기업의 상품을 구매하는 고객 및 기업과 관계가 있는 사람들을 위한 커뮤니티로 운영할 수 있다. 또한 상품등록 게시판을 추가하여 상품의 판매도 할 수 있다.

④ 블로그: 블로그(blog)는 다음(Daum), 네이버(Naver), 구글(Google), 에이블뉴스(www.ablenews.co.kr), 이글루스(www.egloos.com) 등에서 개설할 수 있으며, 기업 관련 소식, 신상품 정보들을 제공하는 게시판(bulletin board system)과 같은 기능으로 활용할 수 있다.

⑤ 상품사진: 기업에서 생산하거나 판매하고 있는 상품들에 대한 사진(이미지)을 고객들에게 보여주기 위해서는 포토샵으로 제작된 상품이미지들을 상품이미지 호스팅 사이트에 등록한 후에 <img src="이미지 주소"> 명령어를 이용해야 한다. 즉, [그림 9-1]의 기업 홈페이지(시작 페이지)에서 <img src="이미지 주

소"> 명령어를 사용하여 상품이미지 호스팅 사이트에 등록되어 있는 상품들에 대한 사진(이미지)DMF 불러와서 보여주게 된다. 이러한 상품이미지 호스팅 사이트들은 포털사이트에서 상품이미지 혹은 호스팅 사이트를 검색하면 쉽게 찾을 수 있으며, 아래의 사이트들도 상품이미지 호스팅 사이트와 같은 목적으로 사용할 수 있다.

ⓐ 드롭박스(www.dropbox.com)

ⓑ Imgur(imgur.com)

ⓒ Fileslink(www.fileslink.com)

ⓓ postimage(postimage.org)

ⓔ tinypic(tinypic.com)

⑥ 유튜브: 유튜브(www.youtube.com)는 세계 최고의 동영상 전문 사이트이며, 기업에 대한 홍보 동영상(UCC, User Created Contents)을 등록할 수 있다. 또한 유튜브에 회원가입을 하면 자동적으로 만들어지는 채널에 기업에 대한 모든 홍보 동영상들을 한 곳에서 볼 수 있게 된다.

⑦ 지도(map): 네이버 지도(map.naver.com), 다음 지도(local.daum.net), 구글 맵스(maps.google.co.kr) 등에서 제공하는 지도를 활용하여 고객들에게 기업의 위치 및 제품을 판매하는 점포들의 위치에 대한 정보를 제공할 수 있다.

⑧ 기타: 기업에서 고객들에게 제공하고 싶은 추가적인 정보들이 있는 경우에는 다양한 웹사이트들은 기업 홈페이지의 시작 페이지에서 링크시켜 활용할 수 있다.

4. 상품판매를 위한 인터넷쇼핑몰의 개발 실무

기업에서 상품을 판매하기 위해 제일 먼저 생각할 수 있는 것은 바로 인터넷쇼핑몰의 개발 및 운영이라고 할 수 있다. 아래에서는 메이크샵(www.makeshop.co.kr) D2 버전을 활용하여 인터넷쇼핑몰을 개발하는 절차와 방법에 대해서 핵심 내용을 중심으로 설명할 것이다.

한편, 메이크샵의 D2 버전은 기존 메이크샵의 원래 버전이며 D4 버전은 카멜레온(chameleon) 버전이라고도 하는데, HTML 소스를 직접 편집할 수도 있으며 디자인을 변경할 수 있는 장점이 있습니다. 하지만, 인터넷쇼핑몰 분야의 초보자들은 D4 버전보다는 D2 버전을 활용하여 인터넷쇼핑몰을 조금 쉽고 빠르게 개발할 수 있는 장점이 있다.

(1) 로고 및 배너의 설정

인터넷쇼핑몰 로고 및 배너의 설정은 [쇼핑몰 구축]-[쇼핑몰 디자인 설정 시즌2]에 설명되어 있는데, 먼저 포토샵을 활용하여 로고 이미지를 제작한 후에 [그림 9-2]과 같이 [로고/배너 및 복사방지 설정]-[쇼핑몰 로고 등록]에서 등록하면 된다. 또한 배너는 최대 10개까지 등록할 수 있으며, [로고/배너 및 복사방지 설정]-[쇼핑몰 배너 등록 및 관리]에서 등록하면 된다. 로고 및 배너를 등록한 후에는 오른쪽 상단에 있는 [마이샵]을 클릭하여 로고 및 배너가 제대로 등록이 되었는가를 확인하면 된다.

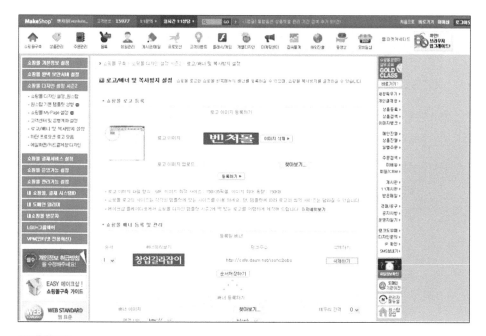

그림 9-2 로고 및 배너의 설정

(2) 메인 소개글

메인 소개글은 쇼핑몰 메인 중앙에 노출되는 인터넷쇼핑몰에 대한 소개 글인데, 직접 HTML로 꾸미거나 이미지, 플래시, 플래시 배너 등록으로 사용이 가능하다. 메인 소개글은 [쇼핑몰 구축]-[쇼핑몰 기본 정보 설정]-[인사말/메인소개글]에서 설명하고 있는데, 포토샵으로 이미지를 제작한 후에 [인사말/메인소개글]의 [메인 소개글]에서 이미지를 등록한 후에 [인사말/메인소개글] 페이지에 있는 [텍스트 박스]에 반드시 '[MAINLOGO]'를 입력한 후에 [확인]을 클릭하여 저장하면 된다. 메인 소개글을 등록한 후에는 오른쪽 상단에 있는 [마이샵]을 클릭하여 [그림 9-3]와 같이 메인 소개글이 제대로 등록이 되었는가를 확인하면 된다.

(3) 쇼핑몰 고객센터 및 은행계좌 입력

인터넷쇼핑몰을 이용하는 고객들을 위해 전화 혹은 채팅상담을 하기 위해서 평일, 주말 및 공휴일에 상담이 가능한 시간을 알려주어야 하며, 계좌로 입금할 고객을 위해서는 은행계좌도 알려주어야 한다. 이것에 대해서는 [쇼핑몰 구축]−[쇼핑몰 디자인 설정 시즌2]에서 설정하면 되는데, [고객센터 및 은행계좌 설정]에서 입력하면 된다. 입력이 완료된 쇼핑몰 고객센터 및 은행계좌는 쇼핑몰의 왼쪽 메뉴에 노출이 되는데, [마이샵]을 클릭하여 확인하면 된다.

(4) 이벤트 알리미 관리

인터넷쇼핑몰에서 할인행사, 배송비 무료 이벤트, 특별 사은품의 지급 등의 이벤트를 할 때에는 인터넷쇼핑몰의 오른쪽에 움직이는 알리미를 설정하는 것이 매출을 향상시키는데 도움이 된다. 이벤트 알리미의 설정은 [고객이벤트]−[쇼핑몰 이벤트/사은품 기능]−[이벤트 알리미 관리]에서 하면 된다([그림 9−3] 참조).

① 이벤트 알리미 디자인을 선택한다.
② 이벤트 알리미의 위치를 다음과 같이 설정하면 된다.
    ⓐ 이벤트 알리미 왼쪽위치: 800
    ⓑ 이벤트 알리미 상단위치: 50
③ 이벤트 알리미의 움직임을 설정한다.
④ 이벤트의 내용을 입력한다.
⑤ [확인]을 클릭하여 저장한다.
⑥ [마이샵]을 클릭하여 확인한다.

그림 9-3 이벤트 알리미의 설정

(5) 게시판 만들기

인터넷쇼핑몰을 이용하는 고객을 위해 다양한 타입의 게시판을 만들 수 있는데, [게시판/메일]-[게시판 관리]-[게시판 만들기]에서 만들면 된다. 게시판 만들기는 게시판 타입의 설정, 디자인 설정 및 기본기능 설정의 3가지 작업이 수행되어야 한다.

① 게시판 타입을 선택하는데, 일반게시판에 가장 많이 사용된다.
  ⓐ 일반게시판
  ⓑ 갤러리 게시판
  ⓒ 미니홈피 게시판
  ⓓ 방명록 게시판
  ⓔ 300M 자료실
  ⓕ 컨텐츠링크 게시판
  ⓖ 동영상 게시판
  ⓗ 운영자 일기2 게시판

② 다양한 기능과 디자인을 자유롭게 선정한다.

③ 아래의 기본기능을 설정한다.

ⓐ 게시판 제목

ⓑ 게시판 접근 여부

ⓒ 게시판 정보수집 여부

ⓓ 작성자 표시 구분

ⓔ 개별상품 문의 기능/상품리뷰 게시판기능/게시판 연결

ⓕ 게시판 관리자 명칭

ⓖ 댓글 기능

ⓗ 답변 기능

ⓘ 게시글 처리상태 설정 기능

ⓙ 게시판 비밀번호

ⓚ 게시글 추천 기능

ⓛ 에디터 사용여부

ⓜ 게시글 검색 시 답변글 노출 여부

ⓝ 회원게시물 검색기능

ⓞ 게시글 등록 시 SMS 수신여부

ⓟ 게시글 등록 시 메일 수신여부

④ [신규 게시판만들기]를 클릭하여 저장한다.

⑤ [마이샵]을 클릭하여 [그림 9-4]과 같이 만든 게시판을 확인한다.

그림 9-4 게시판 만들기

(6) 대분류/중분류/소분류 만들기

인터넷쇼핑몰에 상품을 등록하기 위해서는 상품을 등록할 대분류/
중분류/소분류를 만들어야 하는데, 이것에 대해서는 [상품관리]-[판
매상품 기본관리]에서 만들면 된다. 즉, [그림 9-5]에서와 같이 [상품
분류 등록/수정/삭제]에서 [대분류 만들기]를 클릭한 후에 "대분류명
입력"창에서 대분류명을 입력한 후에 [추가] 버튼을 클릭하면, "중분
류명 입력"창이 나타난다. 중분류명을 입력한 후에 [추가] 버튼을 클
릭하면, "소분류명 입력"창이 나타난다.

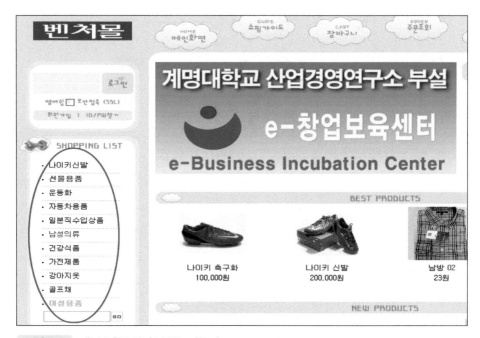

그림 9-5   상품분류의 등록

그림 9-6   대분류/중분류/소분류 만들기

또한, 대분류, 중분류, 소분류 중에서 삭제를 원하면, 마우스로 클릭한 후에 오른쪽 하단에 있는 [선택분류 삭제] 버튼을 클릭하면 되며, [확인] 버튼을 클릭하면 만들어진 대분류, 중분류 및 소분류의 내용들이 [그림 9-6]와 같이 저장이 된다. 한편, HTML 명령어를 사용하여 대분류명을 검정색이 아닌 다른 칼라색으로 표시할 수도 있다. 예를 들어 대분류 "선물용품"을 붉은색으로 표시하려면, 아래의 HTML 명령어를 사용하면 된다.

<font color=red>선물용품</font>

(7) 상품등록하기

상품을 등록할 대분류/중분류/소분류를 만든 후에는 상품을 등록하게 되는데, 상품을 등록하기 위해서는 아래의 몇 가지 준비가 필요하다.

① 포토샵으로 제작한 상품이미지
② 상품가격 및 상품에 대한 설명
③ 상품이미지를 등록할 이미지 호스팅 사이트: 메이크샵에서는 매월 55,000원을 납부하는 경우에 상품이미지를 무료로 등록할 수 있도록 웹FTP를 제공하고 있으며, 추가 용량을 사용해야 하는 경우에는 쇼핑몰 전문 이미지 호스팅인 이미지뱅크를 사용하면 된다.
④ HTML 명령어에 대한 이해: HTML 명령어를 사용할 수 있는 경우에는 상품상세정보 페이지를 잘 만들 수 있는데, 이를 통해 고객들이 상품에 대해 조금 더 쉽고 빠르게 이해할 수 있어서 매출 증대에도 도움이 된다.

이러한 몇 가지의 준비가 되었으면, 본격적으로 상품을 등록하면 되는데, 상품은 [상품관리]-[판매상품 기본관리]-[판매 상품 신규 등록]에서 등록하면 된다. 판매상품의 신규 등록을 위해서는 아래 사항들에 대해 꼭 필요한 내용들만 입력한 후에 [상품등록]을 클릭하면 된

다. 즉, 모두 입력할 필요가 없으며, 상품의 효과적인 판매를 위해 반
드시 필요한 필수항목(＊)으로 지정된 사항들만 입력해도 충분하다.

    ⓐ 상품 기본 정보

    ⓑ 상품 노출 설정

    ⓒ 옵션설정

    ⓓ 기본이미지 등록

    ⓔ App 전용이미지 등록

    ⓕ 다중이미지 활용

    ⓖ 상품 상세 동영상 노출하기(무료)

    ⓗ 상품 상세정보 입력

    ⓘ 모바일 상세보기

    ⓙ 소스 복사 하기

    ⓚ 상품 아이콘 설정

    ⓛ 사입/도매업체 선택

    ⓜ 상품 이벤트/제한 설정

    ⓝ 상품별 개별 배송비 설정

    ⓞ 상품 해외배송 설정

    ⓟ 상품상세 공통정보

    ⓠ 상품메모 등록

위에서 'ⓗ 상품 상세정보 입력'에서는 '직접 HTML로 입력하기'를
선택한 후에 웹FTP를 활용하여 등록한 상품이미지 파일의 이미지경로
주소를 입력하면 된다. 한편, 상업용 상품이미지 서버를 활용하여 상
품이미지를 등록한 경우에는 아래와 같은 형식의 HTML 명령어를 사
용하여 이미지경로 주소를 입력하면 된다.

    <img src="http://www.mis.or.kr/images/new_main_13.gif">

위의 HTML 명령어는 웹사이트(www.mis.or.kr) 내의 폴더(images) 안에 저장되어 있는 이미지 파일(new_main_13.gif)을 불러와서 웹브라우저(Internet Explorer) 화면에서 보여 달라는 의미로 해석할 수 있다. 옥션, G마켓 등의 오픈마켓에서의 상품 등록에서 상세정보를 만들 때에 사용하는 명령어이며, 상품이미지 호스팅 사이트에 상품이미지를 등록하면 파일경로가 자동으로 생성되기 때문에 복사하여 사용하면 된다.

(8) 기타 기능들을 활용하여 인터넷쇼핑몰 완성하기

위에서 초보수준의 인터넷쇼핑몰을 만들 수 있는 방법에 대해서 설명을 하였으며, 인터넷쇼핑몰을 완성하기 위해서는 몇 가지의 작업이 더 필요하다. 첫째, 인터넷쇼핑몰을 완성하기 위해서는 3장에서 설명하고 있는 아래의 메뉴(혹은 기능)들을 살펴보면서 수정 및 보완하면 된다. 둘째, 경쟁관계에 있는 인터넷쇼핑몰들을 접속하여 살펴보면서 아래의 메뉴들이 어떻게 설정되어 있는가를 살펴보는 것도 도움이 될 것이며, 어떻게 차별화 혹은 특성화시킬 것인가를 생각하는 것이 매출 향상에 도움이 된다.

1) 쇼핑몰 기본정보 관리

① 쇼핑몰 기본정보 관리: 메이크샵(www.makeshop.co.kr)에 처음 가입했을 때에 등록한 회사정보를 수정할 수 있으며, 관리ID를 제외한 나머지는 모두 수정이 가능하다.

② 쇼핑몰 도메인 관리: 인터넷쇼핑몰에 도메인 주소(URL)를 연결할 수 있다.

③ 인사말/메인소개글: 브라우저 상단의 쇼핑몰 인사말 및 쇼핑몰 메인 중앙의 메인 소개 글을 등록할 수 있다.

④ 고객응대 관련정보: 고객 응대에 필요한 기본 정보를 입력할 수 있다.

⑤ 쇼핑몰 소개 및 약도: 회사소개 및 약도를 등록하거나 관리할 수 있다.

⑥ 메인/상품 화면 설정: 쇼핑몰에 디스플레이 되는 상품의 이미지와 리스트를 설정 관리할 수 있다.

2) 쇼핑몰 디자인 설정 시즌2

① 쇼핑몰 디자인 설정_원스탑: 원하는 디자인 템플릿을 선택하면, 원스탑으로 쇼핑몰의 메인/세부페이지 디자인이 완성된다. 하지만, 템플릿 참여업체 인기디자인(3,000개의 스킨 판매중)에서 쇼핑몰 디자인을 구입하는 것이 조금 더 경쟁력이 있는 인터넷쇼핑몰의 개발을 완료하기 위해서 필요할 것이다.

② 고객센터 및 은행계좌 설정: 쇼핑몰 왼쪽메뉴에 노출되는 고객센터 및 은행계좌를 입력할 수 있다.

③ 로고/배너 및 복사방지 설정: 쇼핑몰 로고와 쇼핑몰 왼쪽메뉴의 배너를 등록할 수 있으며, 쇼핑몰 복사방지를 설정할 수 있다.

④ 하단 프로모션 로고 모음: 쇼핑몰 하단에 프로모션용(보안서버/카드결제/신용카드/공정위/에스크로 등) 로고를 노출시켜서 쇼핑몰의 신뢰도를 높일 수 있다.

3) 쇼핑몰 결제서비스 설정

① 통합결제 신청: 메이크샵에서는 쇼핑몰 운영자가 전자결제(PG)회사를 자유롭게 선택할 수 있도록 국내 최대인 5개의 전자결제(PG)회사와 제휴하여 가장 좋은 서비스를 제공할 수 있도록 지원하고 있다. 또한 선택한 전자결제(PG)회사의 카드결제와 실시간 계좌이체를 한 번의 신청으로 등록할 수 있다.

② 휴대폰 결제 소개/신청: 휴대폰 번호와 주민등록번호, SMS인증번호 입력을 통해 즉시결제하고 결제금액은 이동통신 요금으로 후불 청구되는 결제 서비스이다.

4) 쇼핑몰 운영기능 설정

① 운영자/부운영자 관리: 쇼핑몰을 운영할 운영자와 부운영자 신
규 등록 및 권한을 설정/관리할 수 있다.

② 상품 반품/환불 조건: 교환/반품/환불에 대하여 설정할 수 있다.

5) 쇼핑몰 관리기능 설정

① 회원 적립(예치)금/쿠폰: 쇼핑몰 회원에게 적립금/쿠폰을 부여할
수 있는 기능을 선택할 수 있다.

② 회원 관련 특수조건 설정: 회원 가입양식에 필요한 부분을 추가
할 수 있는데, 신규 회원들에게 회원가입을 할 때에 너무 많은
정보들을 입력하라고 요구하는 것은 바람직하지 못할 수 있다.

6) 판매상품 기본관리

① 상품 분류 등록/수정/삭제: 상품 분류를 등록/관리할 수 있다.

② 판매 상품 신규 등록: 쇼핑몰에서 판매할 상품을 신규 등록할
수 있다.

③ 등록 상품 수정/삭제: 쇼핑몰에 등록되어 있는 상품을 수정/삭
제할 수 있다.

7) 고객 사은품

① 고객 사은품 설정: 고객이 주문시, 가격대별로 선택이 가능한 무
료 사은품을 설정할 수 있다.

② 고객 사은품 등록/관리: 고객이 주문시, 가격대별로 선택이 가능
한 무료 사은품을 등록/관리한다.

8) 상품관리 부가기능

① 상품 상세 공통정보 입력: 배송/AS/환불 등 상품 설명 하단에
공통으로 들어갈 수 있는 내용을 설정할 수 있다.

② 상품 적립금 일괄수정: 쇼핑몰의 상품의 적립금을 일괄 수정할

수 있다.

③ 판매상품 가격 일괄수정: 쇼핑몰의 상품가격을 일괄 수정할 수
있다.

9) 등록상품 일괄관리

① 등록상품 이동/복사/삭제: 쇼핑몰의 상품을 편리하게 이동/복사/
삭제할 수 있다.

② 메인상품 상품 진열 관리: 메인 상품등록/관리 그리고 순서 조
정을 할 수 있다.

③ 등록상품 진열순서 조정: 등록 상품의 진열순서를 조정할 수 있다.

④ 메인화면 상품 일괄삭제: 쇼핑몰 메인화면에 등록되어 있는 상
품을 한꺼번에 삭제할 수 있다.

활용 실무

위에서도 언급을 하였듯이 메이크샵의 D2 버전 및 D4 버전으로 구분할 수 있는데, 초
보자의 경우에는 D2 버전을 활용하는 것이 인터넷쇼핑몰을 개발하고 운영하는데 더
쉽고 편리할 수 있다.

---

5. 밴드(Band)의 개설 및 활용 실무

2012년 8월 8일 처음으로 출시된 네이버(주)의 소셜 네트워크 서비
스(SNS)로, 안드로이드(Android)와 iOS 운영체제를 지원한다. 2013년
초 네이버(주)의 모바일 분야 자회사인 캠프모바일이 설립되어, 네이버
밴드의 개발과 운영을 이어받았다. 2016년 현재 영어, 한국어 등을 포
함한 7개국어 버전이 배포중이며, 2015년 8월에는 월간 이용자 수가
1,700만 명을 돌파하였으며, 2023년의 경우에는 국내 월평균 이용자
수가 1,900만 명을 돌파했다고 한다(한국경제, 2024.2.24.).

(1) 밴드의 주요 기능

밴드(Band)의 개설 및 효과적인 활용을 위해서는 먼저 밴드가 제공하는 주요 기능을 이해하는 것이 필요한데, 밴드의 주요 기능은 다음과 같다.

① 게시판: 타임라인 형태로 메시지 게시가 가능하며 최신글이 가장 위에 게시된다. 첨부된 파일 중 멀티미디어 파일이나 마이크로소프트 오피스 포맷의 파일은 직접 미리보기가 가능하다.

② 채팅: 일대일, 혹은 일대다 형태의 인스턴트 메시징 기능을 제공한다.

③ 멤버: 밴드에 특정 멤버를 초대하고, 밴드 내에 가입된 멤버들의 주소록을 관리할 수 있다. 초대는 라인, 카카오톡 등의 다른 메신저 친구나, 페이스북 친구 등을 연동하여 손쉽게 초대 가능하며 문자메시지 형태로도 가능하다.

④ 투표: 멤버들이 참여하는 투표 형태의 게시물을 게시할 수 있다.

⑤ 캘린더: 밴드 멤버들의 중요 일자, 생일, 기념일, 미팅 등을 공유할 수 있는 통합 그룹 달력 기능을 제공한다.

⑥ 사진 앨범: 해당 밴드 멤버들에 의해 공유 가능한 사진들을 게시할 수 있으며, 한 번에 100장까지 업로드 가능하다.

⑦ 피드(feed): 게시물이 업로드 된 시간, 댓글, 좋아요 등과 사용자의 성향을 조합하여 사용자의 개인별 취향에 맞는 게시물 및 추천 밴드 정보를 제공하는 기능이다.

⑧ 밴드에서는 광고(bizcenter.band.us/main/home)를 진행할 수 있는데, 홍보 및 회원 증가에 많은 도움이 될 수 있다.

한편, 3.x 버전까지는 폐쇄형 소셜 네트워크 서비스 형태로 운영되었기 때문에, 동호회나 동창 모임, 가족용 비공개 모임을 위해 주로 사용되었다. 하지만 2015년 4월 4.0 버전으로 업데이트 된 후 공개 밴드도 지원하게 되었으며, 공개형 소셜 네트워크 서비스 형태로 전환하였다. 이후 밴드의 속성을 공개, 밴드명 공개, 비공개로 나누었는데, 광고 및 상업성 밴드가 생겨나고 멤버 수가 많은 밴드의 매매가 이루어지는 등 부작용도 발생하고 있다.

(2) 밴드를 개설할 때에 꼭 설정해야 하는 사항

밴드(band.us)를 개설할 때에 설정해야 하는 것들은 아래의 7가지라고 할 수 있는데, 특히 가입 신청 받기와 멤버들의 권한 설정은 신중하게 결정해야 한다.

① 밴드주소(url): 별로 사용되지는 않지만, 밴드주소를 설정하는 것도 괜찮다.

② 대표태그: 홈페이지의 게시판에 해당하는 것이다.

③ 밴드 이름 및 커버: 커버는 밴드를 나타내는 포토샵 이미지를 말한다.

④ 밴드 공개: 비공개 밴드, 밴드명 공개 밴드, 공개 밴드 중에서 선택하면 된다.

⑤ 밴드 소개: 어떤 목적으로 운영되고 있는 밴드인가를 설명한다.

⑥ 가입 신청 받기: 회원 가입 시에 밴드 운영자의 승인 여부를 결정하는 것을 말한다.

⑦ 멤버들의 권한 설정: 밴드 회원들이 할 수 있는 것과 할 수 없는 것을 설정한다.

(3) 밴드 개설에 도움이 될 수 있는 사이트

밴드를 처음으로 개설하는 사람들에게 유익한 정보를 제공하는 사이트로는 아래의 2가지가 있으며, 밴드를 성공적으로 개설하고 운영하는데 많은 도움이 된다.

① 네이버 밴드의 모든 것(blog.naver.com/bandapp)

② 네이버 밴드 가이드(band.us/#!/band/62396709)

참고 네이버 밴드 도움말(band.us/cs/help)에서는 밴드 개설 및 설정 등에 대한 다양한 정보를 제공하고 있다.

6. 페이스북의 그룹(판매/구매) 개설 및 운영

페이스북에서 상품을 홍보하고 판매하기 위해서는 그룹(판매/구매)을 개설하면 되는데, 그 절차는 다음과 같다.

① 먼저 페이스북에 가입한 후에 페이스북(프로필, 개인계정)을 개설한다.
② 페이스북의 왼쪽 상단에 있는 [facebook 홈으로 이동하기]−[그룹]−[그룹만들기] 혹은 오른쪽 상단에 있는 기호(▼)를 클릭한 후에 [그룹관리]−[그룹만들기]에서 상품판매를 하고 싶은 그룹을 만든다([그림 9-7] 참조). 다만, [사람 추가]에서는 반드시 친구 한 명 이상의 이름 혹은 이메일 주소를 입력해야 그룹이 만들어진다.

그림 9-7   페이스북 그룹 만들기

☞ 페이스북 그룹만들기(www.facebook.com/groups/?category＝create)

③ 그룹을 만든 후에 더보기(⬚더보기)를 클릭하여, [그룹 설정 관리]
에서 [판매/구매] 유형을 선택한다([그림 9-8] 및 [그림 9-9] 참
조). 또한 그룹 내의 세부적인 설정도 할 수 있다.

④ 본인이 판매하고 싶은 상품을 등록하여 적극적으로 홍보 및 판
매하면 된다.

그림 9-8 페이스북의 공개그룹

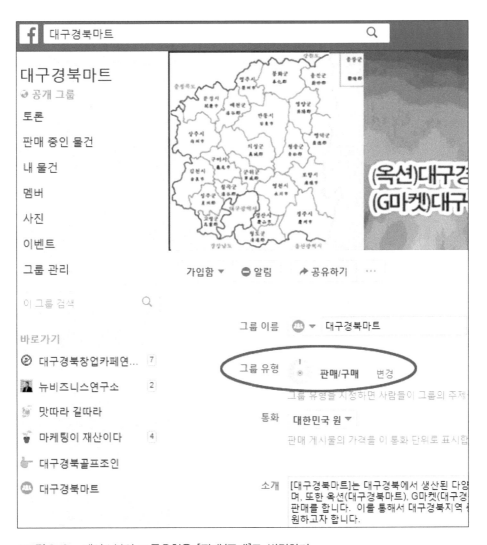

그림 9-9 페이스북의 그룹유형을 [판매/구매]로 변경하기

참고 그룹(판매/구매)을 만들기 위해서는 그룹을 만든 후 [관리]-[커뮤니티 홈]-
[기능 추가]에서 [판매/구매]를 클릭해도 된다.

7. 옥션과 G마켓에 상점 개설 실무

창업기업에서 생산하거나 판매하는 제품을 단순히 홍보의 차원을 넘어 고객들에게 판매하려고 할 때에 가장 쉽게 시작할 수 있는 방법은 옥션에 스토어(store)를 개설하거나 G마켓에 미니샵(minishop)을 개설하여 상품을 등록 및 판매하는 것이라고 할 수 있다.

(1) 옥션 스토어의 개설

옥션은 [홈]-[회원정보]-[회원전환] 메뉴에서 스토어 정보를 입력함으로써 스토어를 개설할 수 있는데, 아래 3가지의 정보를 입력하면 된다([그림 9-10] 참조). 또한, 옥션 판매회원이라면 회원가입 시 기본정보 입력만으로 스토어베이직이 무료로 개설되며, 다양한 꾸미기 기능과 보다 많은 상품 전시를 원한다면 스토어플러스(5만원/월)를 이용할 수도 있다.

① 스토어 이름
② 스토어 주소
③ 스토어 소개

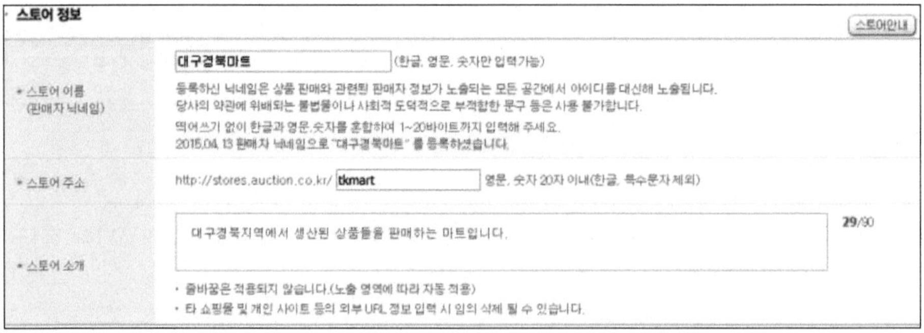

그림 9-10 옥션 스토어의 개설

(2) G마켓 미니샵의 개설

G마켓 미니샵은 회원아이디로 미니샵이 자동 생성되는데([그림 9–11] 참조), [판매관리]–[미니샵/스토어관리]에서 관리할 수 있다. 예를 들어, [미니샵/스토어관리]–[정보관리]–[기본정보관리]에서 [Shop 이름]을 변경할 수 있다([그림 9–12] 참조).

그림 9–11 G마켓 미니샵의 개설

그림 9–12 G마켓 미니샵의 관리

활용 실무

(1) 본장에서 제시한 비즈니스 지원 사이트들 외에 본인이 생각하기에 꼭 필요하다고 생각하는 비즈니스 지원 사이트 및 활용 사례를 제시하고, 그 이유에 대해 구체적으로 설명하세요.

(2) 메이크샵(www.makeshop.co.kr)에 회원가입을 한 후에 인터넷쇼핑몰을 개발하는 데 필요한 주요 메뉴들을 살펴보세요.

YouTube 채널 : 맛따라 · 길따라 · 창업

유튜브(YouTube)에 등록되어 있는 제9장의 [홍보 사이트 개설 및 활용 실무]와 관련된 강좌는 다음과 같다.

① 인터넷 홈페이지의 개발절차
② 인터넷 홈페이지 개발 비용
③ 전자상거래와 인터넷쇼핑몰의 이해
④ 다양한 인터넷쇼핑몰 운영 및 전자상거래의 방법
⑤ 밴드 만들고 운영하기
⑥ 페이스북 개인계정, 페이지 및 그룹 운영
⑦ 페이스북 프로필, 페이지 및 그룹에서의 상품판매

▌ 참고문헌 ▌

[컴퓨터와 인터넷 활용 실무]에 관한 저서를 집필함에 있어 인용하였거나 참고한 모든 문헌에 대해서는 감사의 말씀을 드리면서, 혹시라도 참고문헌에 모두 포함하려고 하였으나 고의가 아닌 실수로 인해 누락된 참고문헌도 있을 수 있다고 생각합니다. 그러한 경우에는 메일(isoho2jobs@gmail.com)로 꼭 알려주시면, 반드시 포함시키도록 하겠습니다.

건설경제신문, "스마트폰 결제부터 주문배송 조회까지 '3S'로 통한다", 2011.05.12.

국제신문, "국내 3대 블로그인 티스토리 사상 초유의 나흘째 에러", 2022.10.18.

김동희, 홍성근, 대박터진 쇼핑몰 노하우 훔쳐보기, 렉스미디어, 2003. 9.1.

김석주, 인터넷정복, 1997.02.20.

김영문, 예비창업자가 꼭 알아야 하는 100가지. 법문사, 2009.

내일신문, "국가공인 중소기업 컨설팅 전문가…업무 증가 추세", 2011. 4.4.

내일신문, "민간자격증만 1842개 '자격증 홍수시대'", 2011.10.12.

뉴스1, "'원조 커뮤니티' 네이버 카페의 변신…'뜨는' 플랫폼으로", 2022.7.5.

뉴스토마토, "카페·블로그 지고, SNS·메신저 뜬다", 2011.09.16.

뉴시스, "'갓생 살기'에 빠진 MZ세대…네이버 '블로그'로 몰렸다", 2022.12.13.

디지털타임즈, "링크프라이스, 모바일에 이어 돈버는 쇼핑 '라스트세이브' 웹 버전 론칭", 2017.4.20.

매일경제, "'소상공인지도사 자격증' 교육 외", 2011.1.7.

머니투데이, "'외톨이' 네이버, 검색독주 막내리나", 2011.04.18.

박진용, 언론과 홍보, 한국케이블TV방송협회, 2005.6.25.

베타뉴스, "동영상과 사진만 있으면 작품이 뚝딱! 윈도우 라이브 무비 메이커", 2011.9.02.

베타뉴스, "한국판 페이스북 앱의 들판에도 봄은 오는가", 2011.05.11.

서울신문, "민간자격증 광고 속지 마세요", 2011.2.18.

세계일보, "컨텐츠 시장의 유료화에 따른 컨텐츠몰 창업 증가", 2011.5.31.

아시아경제, "머스크가 인수한 엑스, 이용자 수 계속 줄어", 2024.03.24.

아이뉴스24, "다음-네이트 맞손, 네이버 검색광고 독주에 '브레이크'", 2011.04.14.

이데일리, "가맹거래사, 유망 자격증으로 평가", 2011.5.25.

이투데이, "'파워블로그' 세무조사…대형까페 "나 떨고 있니?"", 2011.7.6.

전자신문, ""알렉사에 비친 한국 인터넷, 갈수록 빛좋은 개살구"…상위 100대 사이트엔 한곳도 없어 '굴욕'", 2011.9.7.

전자신문, "후이즈, 이미지호스팅 50메가 무료 서비스 실시", 2005.5.23.

케이벤치 "다음 '팟인코더', 스마트폰 열풍 타고 인기 상승", 2010.2.23.

케이벤치, "재능과 독특함으로 알바를 하는 컨텐츠거래 사이트 아이끼 닷컴(www.i-kki.com) 출범", 2011.10.10.

TV조선, "알리 이어 테무까지 '진격'…국내 오픈마켓 '초토화'", 2024.4.6.

포브스, "제휴 마케팅과 커머스 시장의 미래", 2023.8.23.

한국경제, "'당근'보다 이용자 많아…네이버 밴드, 장수 인기앱 등극", 2024.2.24.

간단한 동영상 편집 프로그램, tonaonda.tistory.com/128

글로벌 해피투어. www.ghappytour.com

나무위키, namu.wiki

네이버 MYBOX, mybox.naver.com

네이버 백과사전, 100.naver.com

네이버 지식사전, terms.naver.com

네이버 지식iN, kin.naver.com

네이트 지식, ask.nate.com

닷네임, www.dotname.co.kr

박노성, blog.naver.com/nosung

베타공간, blog.naver.com/edelsoft

상인창업센터, cafe.daum.net/xq

상품등록게시판 오픈!, section.cafe.naver.com/SectionNoticeList.nhn

아비브, blog.naver.com/avivad

안전한 상거래를 위한 상품등록 게시판 오픈, blog.daum.net/cafe_notice/
　2016

야후 한자사전, kr.dictionary.search.yahoo.com

에이블 블로그, www.ablenews.co.kr/Blog

오픈마켓, 쇼핑앱, 소셜커머스 판매수수료 비교, blog.naver.com/
　kimyongwen

요베베(답례품), cafe.daum.net/yobebe2455

유통과학연구회, cafe.daum.net/esohobiz

위키백과, ko.wikipedia.org

윈컴이, blog.wincomi.com

자격의 모든 것, q-net.or.kr

조미정의 인견장터, cafe.daum.net/rayonmart

창업길라잡이 카페, cafe.daum.net/isoho2jobs

팟인코더, tvpot.daum.net/application/PotEncoder.do

타블로, blog.naver.com/readpass

WIXBlog, ko.wix.com/blog/post/ how-to-start-a-blog

blog.naver.com/avivad

blog.naver.com/dml21wjd

blog.naver.com/hyoyeol

blog.naver.com/kimyongwen

blog.naver.com/readpass

mainia.tistory.com/2348

ryun1004.tistory.com/739

thirdhz7.tistory.com/139

www.sindohblog.com/1138

저자 소개 및 주요 경력

현, 계명대학교 경영대학 경영정보학전공 교수
현, 계명대학교 경영대학 경영빅데이터전공 겸임교수
현, 사회복지사 및 ISO(9001/14001) 국제심사원
사단법인 한국소호진흥협회 설립 및 회장
사랑나눔회(대구광역시 인가 비영리민간단체) 설립 및 회장
계명대학교 벤처창업보육사업단 단장 및 창업지원단 단장
대한민국 최다 창업서적 출판/한국 창업시장 움직이는 50인 선정
전국 최우수 창업보육센터장/정보통신부 및 산업자원부 장관 표창
미국 캔사스주립대학(Kansas State Univ.) 경영학석사(MBA)
미국 미시시피대학(Univ. of Mississippi) 경영학박사(MIS전공)

컴퓨터와 인터넷활용 실무

2024년 7월 30일 초판 인쇄
2024년 8월 5일 초판 1쇄 발행

저 자 김 영 문
발행인 배 효 선

발행처 도서출판 法 文 社

주 소 10881 경기도 파주시 회동길 37-29
등 록 1957년 12월 12일/제2-76호(윤)
전 화 (031)955-6500~6 FAX (031)955-6525
E-mail (영업) bms@bobmunsa.co.kr
       (편집) edit66@bobmunsa.co.kr
홈페이지 http://www.bobmunsa.co.kr
조 판 법 문 사 전 산 실

정가 20,000원   ISBN 978-89-18-91526-5